《손자병법》 13편

시계(始計) 제1편
전쟁을 시작할 때 어떤 기준으로 판단할 것인가를 논하는 편이다. 감정에 치우치거나 주먹 구구식이 아닌 철저히 승산을 따져서 전쟁을 결정해야 한다고 강조한다.

작전(作戰) 제2편
전쟁의 소모성과 폐해를 다루는 편으로 전쟁은 가능한 빨리 끝내야 좋다고 강조한다. 전쟁을 빨리 끝내는 방법도 언급하는데 적개심과 포상제도의 적극적인 활용을 이야기한다.

모공(謀攻) 제3편
전쟁을 하더라도 현명하게 임하기 위한 여러 가지 전략을 논하는 편이다. 우리가 흔히 아는 부전승이 이 편에서 비롯된 말인데, 손자는 가장 좋은 승리는 싸우지 않고 이기는 것이라 말한다.

군형(軍形) 제4편
전쟁을 하기 전에 이길 수 있는 충분한 실력과 전력을 갖출 것을 강조하는 편이다. 애초에 패하지 않을 만큼의 태세를 갖추고, 이길 기회를 놓치지 말 것을 말한다.

병세(兵勢) 제5편
실전에서 병력을 운용할 때 조직에서 쏟아져 나오는 강한 세를 이용할 것을 논하는 편이다. 적을 거세게 몰아붙이고, 절도 있게 행동해야 한다는 것을 설명한다.

허실(虛實) 제6편
나의 강점으로 상대의 약점과 허를 노릴 것을 논하는 편이다. 상대에게 끌려가지 말고 끌어갈 것과, 힘의 집중으로 상대적으로 열세한 적을 치라고 말한다.

군쟁(軍爭) 제7편
전투를 하여 승리를 얻기 위한 여러 가지 방법을 논하는 편이다. 이 편에서는 우직지계의 지혜, 즉 비록 돌아가지만 결국에는 이기는 방법을 택할 것과 사기의 중요성을 강조한다.

구변(九變) 제8편
전투 중에 일어날 수 있는 여러 변화 상황에 대해서 어떻게 분별하고 싸움에 임할 것인가를 논하는 편이다. 여기서는 유연한 사고를 강조하는데 심지어 임금의 명령이라도 듣지 않아야 할 때가 있다고 말한다.

행군(行軍) 제9편
지형을 잘 이용하는 방법에 대해 논하는 편이다. 32가지의 징후 판별법이 소개되고 있으며, 병력이 많은 것이 좋은 것만은 아니라고 말한다.

지형(地形) 제10편
여섯 가지 형태의 지형에서의 전투 요령과 여섯 가지 유형의 패하는 군대의 특징을 논하는 편이다. 적과 나를 알고, 천지를 잘 알면 위태롭지 않다고 말한다.

구지(九地) 제11편
원정지의 거리에 따른 아홉 가지의 유형의 땅에서 어떻게 현명하게 전투를 할 것인가를 논하는 편이다. 이런 파악을 해본 뒤 유리하지 않으면 전쟁을 하지 말라고 말한다.

화공(火攻) 제12편
불을 이용한 전투 방법을 논하는 편이다. 화공을 위한 조건과 주의사항을 열거하고 있으며, 승리를 거두면 반드시 그에 따른 포상을 하라고 말한다.

용간(用間) 제13편
다섯 가지 유형의 간첩을 소개하고 있으며 간첩의 중요성에 대해 논하고 있는 편이다. 간첩이 한 나라의 운명을 뒤바꾼 역사적인 사례를 이야기한다.

서른과 마흔 사이

인생병법

서른과 마흔 사이
인생병법

• 노병천 지음 •

청림출판

한 그루의 나무가 모여 푸른 숲을 이루듯이
청림의 책들은 삶을 풍요롭게 합니다.

온전한 나를 지키고
상생하는 현명한 전략

서른과 마흔 사이, 인생에서 가장 고민이 많고 스트레스를 많이 받는 시절이 아닐까? 치열하게 삶을 살아내야 하고, 여전히 꿈꾸고 도전하는 시기, 하지만 어른으로서의 책임이 무게 지워지는 시기이니 말이다.

이십대에는 서른이 되면 무슨 고민을 많이 할까? 싶은 마음에 빨리 서른이 되고 싶어 한다. 서른이 되면 방황하던 마음이 안정되고 혼란스러웠던 것들이 저절로 정리가 될 것 같기 때문이다. 서른이 되면, 모든 싸움과 경쟁도 익숙해지고, 자리를 잡아 어느 정도 여유까지 생길 거라고 생각하기도 했다. 그런데 막상 서른이 되어도 상황은 조금도 달라지지 않는다. 아니, 오히려 더 많은 고민이 떠다닌다. 경쟁은 더 치열해지고, 생존에 대해 고민해야 하며, 상사의 눈치까지 살피고 있는 자신을 새삼 발견하면서 "세상은 결코 녹록치 않구나……" 다시 한 번 깨닫게 된다.

이십대에는 패기 하나로 넘겨버렸던 일들이 더 이상 그것만으로 해결되지 않음을 알아가면서 마음 한켠에는 걱정과 불안감이 피어오르기도 한다. 그러면서도 생각한다. '지금 열심히 하면 마흔쯤 되면 자리를 잡을 수 있지 않겠어?'

하지만 우리는 알고 있다. 마흔이 되면 마흔이 견뎌내야 할 삶의 무게가 있다는 것을. 아래서 치고 올라오는 부하직원들이 기특하면서도 부담스럽고, 언제 자리를 내주고 무대에서 내려와야 할지 모른다는 불안함이 밀려오기도 한다. 짊어져야 할 사회적·가정적 책임은 더 커지는 시기가 아닌가.

하지만 이 서른과 마흔 사이의 인생은 여전히 아직 가야 할 길이, 이루고 싶은 꿈이 있는 시기가 아닌가 싶다. 나는 사람의 일생에 있어서 서른과 마흔을 잘 넘어설 수 있다면 인생을 더 멋지게 살아낼 수 있다고 믿는다. 이 시기에 우리 인생의 길이 달라질 수 있고, 더 확고해질 수 있으니 그렇지 않겠는가? 그래서 서른과 마흔은 그 무엇보다도 현명함이 절실히 필요한 시절이다. 그리고 나는 그 현명함을 《손자병법》을 통해 얻을 수 있다고 믿는다.

나는 서른이 되기 훨씬 이전부터 《손자병법》을 읽기 시작했다. 처음 한 번 읽었을 때는 뭐가 뭔지 알 수 없었다. 다섯 번 정도 읽으니 그때는 마치 내가 모든 것을 다 아는 것 같은 착각을 하며 '《손자병법》이 엄청난 병서라더니 별거 아니네?' 하는 오만한 마음이 들기도 했었다. 그런데 신기하게도 다시 열 번 정도 읽으니 이 책이 어려워지는 게 아닌가? 그때 나는 '이쯤에서 그만둘까?' 생각했었다. 그러다 문득 조선의 선비 김득신이 『백이전』을 무려 1억 1만 3,000번이나 읽어 자신의 서재를 '억만재'라 이름 지은 것이 생각났다.

나는 다시 《손자병법》을 읽기 시작했다. 중국에는 '손자천독달통신孫子千讀達通神'이라 하여 《손자병법》을 1,000번 읽으면 신과 통하는 경지에 이른다는 말이 있다. 하지만 나는 1,000번쯤 읽으니 그저 실마리가 조금 잡히기 시작했을 뿐이었다. 읽고, 다시 읽으며, 5,000번을 읽어 가는 동안 나는 어느덧 서른과 마흔을 지나쳤고, 37년에 걸쳐 약 1만 번 정도 이 책을 읽었다. 그리고 이제야 비로소 그 밑바닥을 들여다볼 수 있게 되었다.

"《손자병법》은 이런 책이구나!"

13편으로 구성된 《손자병법》을 통해 손자가 말하고자 하는 궁극적인 것은 '피할 수 없는 경쟁에서는 현명하게 싸우라'는 것이다. 또한 '싸우게 되면 반드시 이겨서 자신을 지키라'는 것이다. 이기되 피를 흘리는 싸움을 피하고, 여러 가지 책략을 모두 동원해서 싸우지 않고도 이길 수 있는 길을 모색하라고 말하고 있다. 그래서 가장 바람직한 승리는 나도 깨지지 않고 상대방도 깨지지 않는 승리라는 것이다. 서로에게 유익을 주는 승리, 이것이 오늘날 말하는 상생相生이다.

손자는 또한 박수를 받는 성공을 피하고, 박수를 넘어서는 경쟁을 하라고 말한다. 그래서 최고의 경쟁은 경쟁을 넘어서는 것이고, 최고의 승리는 승리를 넘어서는 것이라고 말한다.

그렇다. 인생은 언제나 살아남기 위한, 생존의 전장이다. 어찌 보면 우리는 매일 전투를 벌이며, 죽지 않기 위해 살아가고 있는 건 아닐까? 그래서 쇼펜하우어는 "가는 곳마다 적들은 매복해 있어 휴전 없는 전투, 결국은 손에 무기를 든 채 죽어가는 그것이 바로 우리네 인생"이라고 하지 않았는가?

인생이 어느 순간 녹록하기야 하겠냐마는 그래도 이렇게 치열한 경쟁이 제 살 길인 양 살아가는 것이 해답은 아니지 않을까? 나는 이런 의문을 지금까지도 가지고 있다. 경쟁이 무엇인지, 생존이 무엇인지. 그래서 배낭을 매고 역사적인 전쟁터를 찾아다니기도 했다. 역사 속 그들은 그곳에서 무엇을 생각하고, 어떤 마음으로 전쟁을 치렀을까? 그들에게 절실했던 것은 무엇이었을까? 긴 고민 끝에 얻은 해답, 그건 용기였다. 어떤 위태로운 상황에서도, 한 치 앞도 내다볼 수 없는 상황에서도, 인간이기에 가지는 당연한 두려움 앞에서도, 그들을 견디게 한 것은 용기였다.

이 책이 당신에게 그런 용기를 북돋아주는 책이 되었으면 좋겠다. 《손자병법》이 내게 혼돈과 혼란의 세상에서 현명함을 가르쳐주는 최고의 교과서였듯, 다른 이들에게도 인생의 멘토가 되어줄 만한 책이라고 믿는다. 나를 지키는 철학, 가능성과 희망에 집중하는 철학이니 말이다. 가능성과 희망에 집중하면 어떤 상황에서도 용기가 샘솟기 마련이니 더 없이 좋은 인생의 교과서가 되리라.

《서른과 마흔 사이 인생병법》은 여기서 한 걸음 더 나아가 《손자병법》이 실제 전쟁에서 어떻게 적용되는지 그리고 그것이 우리의 인생에 어떻게 적용되는지 원리를 구하고자 했다. 역사상 모든 전쟁이 주는 교훈은 각기 다르지만 그것은 《손자병법》의 원리와 잇닿아 있으며, 우리의 인생에도 분명 적용 가능한 방법이기 때문이다.

인생병법이란, 《손자병법》의 원리처럼 '온전한 나'를 지키고 '상생하는' 현명한 전략이다. 부디 바라건대 이 책이 더 지혜롭게, 더 현명하게 살고자 하는 이들에게 생각의 단초가 되었으면 한다.

노병천

차례

1장 인생의 질문, 무엇을 선택할 것인가?

2장 상처 없는 온전한 승리를 위하여

3장 평생 갈 사람을 구하라

6장 실패에서 다시 배우는 인생

人　　生　　兵　　法

《손자병법》 13편의 글자를 모두 합치면 6,109자가 된다. 그런데 그 글자들을 모두 지워버리고 핵심이 되는 딱 한 글자만 남기라 한다면, 그건 바로 '전全'이라고 생각한다. 전의 의미를 좀 더 확장하면 곧 '자보이전승自保而全勝'이 된다. 그러니 《손자병법》의 핵심, 즉 '현명하게 잘 싸우는 법'을 한마디로 하면 이 말이라는 것이다. 여기서 전의 의미를 정확히 새길 필요가 있다. 이때의 전은 '완전完全'이라기보다는 '온전穩全'이라는 의미가 더 강하다. '완전'이란 '하나도 빠짐없이 모두 갖춰져 있는 상태'를 말하지만, '온전'이란 '처음 형태 그대로 보존된 상태'를 가리키는 말이다. 다시 말해 '완전한 승리'보다 더 중요한 것은 '자신의 것을 잃지 않고 잘 지켜낸 승리'라는 것이다. 이것이 완전과 온전의 미세하지만 중요한 차이다. 역사 속에서 위대한 승리로 손꼽히는 전투들을 가만히 보면, 대개 아군의 피해를 최소화하면서 승리를 거둔 경우라는 것을 알 수 있다. 스스로를 무너뜨리면서 얻는 승리는 가치가 없기 때문이다.

1장

인생의 질문,
무엇을 선택할 것인가?

잘못된 것은 과감히 'No'라고 말하라

대부분의 직장인들은 승진을 꿈꾸고 보다 큰 조직을 통솔하고 지휘하는 관리자가 되길 원한다. 그런데 이 사람들은 과연 어디까지 올라갈 수 있을까? 그렇다, 자신의 능력으로 감당할 수 없는 자리까지 올라간다. 그래서 결국 조직의 높은 자리는 무능력한 사람들로 가득 채워진다.

이는 캐나다의 심리학자 로렌스 피터가 주창한 '피터의 법칙'이다. 그렇게 무능력한 사람들이 리더가 되어 잘못된 명령을 내렸을 때, '노No!'라고 분명히 말하지 못하면 조직에 큰 위기가 닥칠 수 있다. 역사에서도 그런 사례는 쉽게 찾아볼 수 있는데, 발라클라바Balaclava 전투는 그중에서도 아주 단적인 사례이다.

　발라클라바 전투는 크림전쟁 중이던 1854년 영국과 러시아가 벌인 전투이다. 당시 영국에서는 돈을 주고 벼슬을 사는 것이 법적으로 허용되어 있었다. 그러다 보니 과시하기 좋아하는 귀족들 사이에는 장교 직을 돈으로 사는 일이 많았다. 루컨 경, 카디건 경, 래글런 경도 그런 부류의 사람들이었다.

　1854년 10월 25일 오전, 1만 1,000명의 러시아 보병 부대가 영국–프랑스–투르크 연합군의 병참 기지가 있는 발라클라바 항구를 향해 공격해왔다. 러시아 보병 부대는 상대적으로 약체인 투르크 군 진영을 집중적으로 공격해 쫓아냈다. 이 과정에서 투르크 군은 대포 7문을 러시아 군에게 빼앗겼다.

　사태가 심각해지는 듯하자 영국 군 총 사령관이던 래글런 경은 화들짝 놀라 정신을 차렸다. 그는 그동안 장교 부인들에게 둘러싸여 마치 소풍이나 즐기러 온 사람처럼 노닥거리고 있었던 것이다. 마음이 급해진 레글런 경은 사태를 수습하기 위해 몇 가지 황당하고 모호한 명령을 내리기 시작했다.

　먼저 기병대를 책임지고 있는 루컨 경에게 '기병들을 투르크 군 요새의 두 번째 열 좌측에 배치하라'고 명령했다. 그런데 루컨 경이 있는 위치에서는 '투르크 군 요새의 두 번째 열' 같은 것은 보이지도 않았다. 그보다 루컨 경의 기병대가 자리한 곳은 발라클라바 항구 입구를 지키고 있는 스코틀랜드 부대를 엄호하기에 좋은 곳이었다. 하지만 루컨 경은 레글런 경에게 그러한 사실을 보고하여 모호한 명령을 재확인할 생각은 하지 않고, 자신의 기병대를 엉뚱한 곳으로 보내버렸다.

때를 만난 러시아 군은 엄호할 기병들이 사라진 발라클라바 항구로 진격했고, 부상병 100명을 포함한 약 600명의 스코틀랜드 부대는 기병의 엄호를 받지 못한 채 이들을 맞아 싸워야 했다. 그들은 부상병들까지 총을 들고 결사적으로 싸운 끝에 겨우 러시아 군을 물리쳤다.

한편 레글런 경은 두 번째로 스칼렛 장군에게 300명의 기병을 데리고 가서 투르크 군을 지원하라고 명령했다. 투르크 군이 멀리 도망가버린 것은 까맣게 모른 채 내린 어이없는 명령이었다. 그러나 스칼렛 장군 역시 '명령은 명령'이란 단순한 생각으로 300명밖에 안 되는 기병을 이끌고 4,000명이나 되는 러시아 기병을 향해 용감하게 돌진했다.

이럴 때 누군가가 조금만 지원해주었다면 전세는 달라졌을 것이다. 당시 불과 500m 떨어진 지점에 카디건 경 휘하의 영국 경기병대 600명이 대기하고 있었다. 말로 달려서 1분 거리! 그들이 곧바로 스칼렛 장군을 지원했다면 상황은 완전히 달라졌을 것이다. 그러나 카디건 경은 상부 명령이 없다는 이유로 수염만 만지작거리고 있었다.

한편 한참 싸움이 진행될 때 멀리서 관망하듯 사태를 파악하던 총사령관 레글런 경은 러시아 군이 그들의 진지에서 대포를 이동시키는 것을 보았다. 다급해진 그는 급하게 명령을 내렸다.

"기병대는 재빨리 전방에 있는 적군을 공격하여 대포를 운반하지 못하게 하라!"

이 명령을 받은 루컨 경은 당혹스러웠다. 그에게는 대포가 보이지 않았기 때문이었다. 대포를 찾아 이리 저리 살피던 루컨 경은 러시아 군 진영 깊숙한 곳에 있는 노스밸리 일대를 러시아 군의 포대라고 생각하고는, 부지휘관 카디건 경에게 짜증을 내면서 노스밸리로 진격하라고 명령했다. 노스밸리에는 1만 1,000명의 러시아 군 보병과 60문 이상의 포대가 삼면을 포위하고 있는 상황이었다. 루컨 경도 그곳으로 진격해 들어가는 것이 호랑이 입으로 들어가는 자살 행위나 마찬가지임을 잘 알고 있었다. 그런데도 총사령관의 명령이니 따르라며 소리를 질렀다.

"기병 부대, 전방을 향해…… 진격!"

이렇게 해서 불과 673명에 지나지 않던 기병이 1만 1,000명의 적군이 입을 떡 벌리고 기다리는 전장으로 전진하게 되었다.

이것이 훗날 '영국 군 역사상 가장 졸렬한 전투'로 기록된 경기병 여단 돌격 사건의 전모다. 불을 보듯 뻔한 결과, 결국 영국 군은 기병의 51%에 해당하는 345명이 죽는 처참한 전과를 남기고 후퇴하고 말았다. 불과 20분 만에 일어난 끔찍한 참사였다.

이 발라클라바 전투는 윗사람이 내리는 지시를 자신의 판단 없이 받아들였을 때, 얼마나 어이없는 일이 벌어질 수 있는지를 잘 보여주는 사례다. 잘못된 지시나 결정에 스스로의 근거를 가지고 '노No' 할 수 없는 리더는 이미 리더가 아니다. 때로 적보다 무서운 것이 내 편에 있는 무능한 지휘관이다.

君命有所不受
군 명 유 소 불 수

임금의 명령이라도 받아들이지 말아야 할 것이 있다.

─구변(九變) 제8편

    임금의 명령에 순종하는 것은 신하된 당연한 도리다. 특히 손자의 시대에 '임금의 명령'이란 목숨을 걸어야 하는 절대 진리였다. 그런데도 듣지 말라니, 이게 무슨 말일까?

    현지 사정은 현장에 있는 지휘관이 가장 잘 아는 법이다. 따라서 군주가 현지 사정도 모른 채 기분 내키는 대로 명령을 내린 경우, 그것이 잘된 것인지 잘못된 것인지 현장의 지휘관이 판단해야 한다. 그리고 그것이 잘못된 것이라면, 설사 나랏님의 명이라 해도 거절할 줄 알아야 한다는 말이다. 물론 거절할 때는 반드시 그럴 만한 명분이 있어야 한다.

멀리 보고 중요한 것이 무엇인지 살펴라

상사가 어떤 지시를 내렸다. 그런데 아무리 이렇게 저렇게 생각해 봐도 그 지시는 경우에 맞지 않는다. 분명 현장 사정을 제대로 알지 못한 채 내린 지시라는 생각이 떠나질 않는다. 더구나 명령을 그대로 이행했다가는 회사가 큰 손해를 입을 것이 분명해 보인다. 힘들게 성사시킨 거래마저 곧 깨질 판이다. '어쩐담?' 하며 고민해보지만 상사의 말을 듣지 않으면 나만 '팍!' 찍힐 게 분명하다.

상사의 말을 듣자니 회사가 위험해지겠고, 거절하자니 내 자리가 위태로워질 것 같다. 그래서 '직언을 하면 내가 죽고, 직언을 하지 않으면 조직이 죽는다'라는 말이 있다. 그야말로 진퇴양난, 어떻게 해야 할까? 우선 멀리 보고 크게 봐야 한다. 즉 그 일이 자신과 조직에 긍정적인 영향을 미칠지, 부정적인 영향을 미칠지부터 파악해야 한다는 말이다. 설령 그것이 상사의 지시라 하더라도 스스로의 판단 없이 무작정 따르기만 하면 더 큰 화를 자초할 수 있기 때문이다.

그것이 옳은지 그른지를 판단하는 기준은 우선 '모두에게 득이 될 것인가?'이다. 그런 다음 '가장 중요한 것이 무엇인가?'를 살펴야 한다. 그 다음에는 '법과 윤리에 어긋남이 없는가?'를 파악해야 한다. 이렇게 다각도로 살펴보았을 때 'No라고 말해야 한다'는 판단이 서면 그렇게 해야 한다. 당장은 어려움이 따를지라도 훗날 더 큰 문제를 만

들지 않으려면 무엇이 더 현명한 선택일지 고민해야 한다.

물론 상사의 명령에 'No라고 말하는 것'이 현실적으로 쉬운 일은 아니다. 그럴 땐 자신의 원칙과 신념이 중요하다. 그리고 스스로에게 이렇게 한 번쯤 자문해볼 필요가 있다.

"나는 왜 일을 하고 있는가? 내가 진정 원하는 것은 무엇인가?"

답을 찾기가 그리 쉽지는 않겠지만 우리가 일하는 이유, 일상에서 가장 중요한 것이 무엇인지는 한 번쯤 돌아볼 수 있어야 올바른 선택을 할 수 있을 것이다.

물러설 때와
나아갈 때를 알라

살아가다 보면 승부를 내기 전에 냉철한 판단을 해야 하는 순간이 많다. 이길 수 있을 것 같다는 느낌이나 자신감만 가지고 덤벼서는 안 될 때도 있다. 이길 재간이 없는 싸움인데도 아집으로 전투에 나섰다가는 그로 인한 희생과 피해를 복구할 길이 없기 때문이다.

세이난전쟁西南戰爭 당시 있었던 다카모리의 결전은 이런 점에서 시사하는 바가 크다. 세이난전쟁은 메이지 유신 초기인 1877년 9월 24일에 일어났다. 그 배경을 살펴보자.

반란을 도모한 주모자는 아이러니컬하게도 메이지 유신의 일등공신 사이고 다카모리西鄕隆盛였다. 육군 대장이었던 그는 임진왜란 이후 조선 재침략과 사족의 특권 보호를 주장하는 무리의 지도자였다. 1873년 정한론征韓論에서 패배한 그는 정계를 떠나 규슈 서남단 가고시마에 사립학교를 설립하고, 그곳을 발판 삼아 세력을 넓혀갔다.

그는 메이지 신정부의 사무라이 해체 정책에 불만을 품고 있던 전국의 사족들 사이에서 절대적인 명성을 얻고 있었다. 특히 당시 가고시마의 현령이던 오야마 쓰나요시가 다카모리를 적극 지지했기 때문에 가고시마는 반정부 운동의 최대 거점이 되었다. 신정부는 여러 차례 다카모리를 회유하려 했지만, 그는 끝내 듣지 않았다. 이에 신정부는 1877년 4월, 이들을 토벌하기 위해 군대를 투입했다. 이 전투가 세이난전쟁의 전초전 격인 다바루자카 전투이다.

압도적인 병력에 밀려 패한 다카모리는 본거지인 가고시마로 몸을 피했다. 정부군은 이때를 놓치지 않고 반란의 뿌리를 뽑기 위해 총공격을 가했다. 이것이 바로 세이난전쟁이다. 다카모리의 오랜 친구인 야마가타 아리토모가 총사령관이 된 정부군은 이들을 완전히 섬멸할 생각으로 무려 5만 명의 군대와 군함 11척을 동원했다. 이에 맞서는 다카모리 측은 사무라이 372명이 전부였다. 처음에 거병했던 4만 명 가운데 7개월이 지난 시점까지 살아남은 사무라이였다.

5만 명 대 372명, 누가 봐도 상대가 되지 않는 싸움이었다. 현명한 장수라면 이때 절대적으로 불리하다는 것을 인지하고 다른 방법을 모색했을 것이다. 하지만 다카모리는 끝까지 전쟁을 강행했다. 패할 줄 알면서도 스스로 죽음을 택한 것이다.

현대식 무기와 막강한 화력을 가진 정부군이 승리한 것은 물론이고, 사이고 다카모리는 치명상을 입고 자결했다. 이들 마지막 사무라이를 패배시킨 후 정부는 두 번 다시 지방의 반란이나 사무라이의 위협을 두려워할 필요가 없었다. 그 대단한 다카모리도 이기지 못한 것을 보고, 어느 누구도 정부에 반기를 들고 나서지 않았기 때문이다.

다카모리의 선택에 대한 사람들의 평가는 다양하다. 그중에는 '의리와 인정'의 갈등을 보여주는 전설적인 주인공으로 보는 견해도 있어, 후세의 사람들은 그를 소재로 다양한 이야기들을 만들기도 했다. 톰 크루즈가 열연한 〈라스트 사무라이〉 역시 바로 이 세이난전쟁과 다카모리의 이야기를 배경으로 하고 있다.

多算勝 少算不勝
다 산 승 소 산 불 승

승산이 많으면 이기고, 승산이 적으면 패배한다.

—시계(始計) 제1편

《손자병법》시계始計 편은 일의 시작을 계획하는 의미에 대해 다룬다. 일을 시작할 것인가 말 것인가를 판단하는 기준으로 오사五事라 부르는 도道·천天·지地·장將·법法을 제시하면서 반드시 승산이 있을 때 시작하라고 말한다.

도道는 위에서부터 아래까지 한마음 한뜻이 되어 있는가를 따져보라는 것이다. 천天은 날씨 등의 자연 환경이 아군에게 유리한가를 살피라는 것이며, 지地는 지형과 지세를 살펴 활용할 수 있는지를 따지라는 것이다. 또 장將은 전쟁을 지휘할 장수에게 지智·신信·인仁·용勇·엄嚴이 있는가 보아야 한다는 것이며, 법法은 조직의 제도나 시스템이 잘 갖춰져 있는가를 따져보라는 것이다.

전쟁을 하기 전에 승산을 따지는 것을 묘산廟算이라고 한다. 구체적인 상황, 즉 주어진 조건과 처한 상황을 객관적으로 판단하는 묘산을 해보면 전쟁 전에 결과를 알 수 있다.

그렇다고 결사항전을 포기하란 말이 아니다. 다만 무언가를 시작할 때는 좀 더 면밀하게 점검해보란 의미이다.

그런데 사람이 지독한 고집에 빠지면 죽을 때까지도 거기서 빠져나오지 못할 때가 있다. 패배할 것이 명백한 상황에서도 자신의 고집을 지키기 위해 싸움에 임하는 어리석은 일을 행할 때가 있다는 말이다. 물론 '지조를 지켜야 한다'든가 '목숨을 걸고 자존심을 지켜야 한다'는 등의 미사여구로 포장은 할 수 있을지도 모른다. 하지만 그를 따르다 죄 없이 목숨을 잃은 수많은 사람들에게는 어떻게 보상하겠는가?

기업의 경우에도 마찬가지다. 주위를 조금만 둘러보면 오너의 말도 안 되는 아집 때문에 직원들이 모두 힘들어지는 경우를 흔히 볼 수 있다. 위기 상황인데도 상황 판단을 정확하게 하지 못하고 '조금만 더 하면 될 거야, 조금만 더 투자하면 돼' 하면서 그냥 밀어붙이는 경우가 그런 예이다. 하지만 그러다 보면 돈은 돈대로 들어가고, 직원은 직원대로 힘든데, 결과는 나쁜 최악의 상황이 빚어질 수도 있다.

인생도 마찬가지다. 물러설 때와 나설 때, 경쟁을 해야 할 때와 후일을 도모해야 할 때를 알아야 한다. 그런 다음 반드시 이길 수 있다고 확신이 설 때 싸우러 나가야 한다.

무리한 승부를 버리면
마음이 편하고 번영한다

교토 상인, 오사카 상인, 오미 상인, 도쿄 상인, 나고야 상인은 일본의 5대 상인들이다. 이들은 최소 400년에서 1000년 이상 성공적으로 장사를 해오면서 장사의 모범을 보여주고 있다.

이들 중에는 세계적인 기업으로 발전하여 현재까지도 놀라운 성과를 이루고 있는 경우가 많다. 그중에서도 교세라, 일본전산, 닌텐도 등은 교토 상인들이 작은 가게에서 시작해 현재에 이른 기업들이다. 그들의 성공에는 밑받침이 된 성공 33계명이 있다. 그중 가장 중요한 첫 번째 계명은 이것이다.

"진짜 상인은 지나간 일이나, 앞으로 일어날 일이나, 늘 거기서 일어날 일을 생각한다."

이 말은 과거, 현재, 미래를 모두 따져보아야 한다는 말이다. 과거란 자신의 경험을 기반으로 만들어진 역량을 말하고, 현재란 지금 동원할 수 있는 자금·사람·능력 등을 가리킨다. 그리고 이 모든 것을 기반으로 미래, 즉 해낼 수 있는 일이 무엇인지를 따져보라는 말이다. 다시 말해 모든 역량과 조건을 따져 손익을 계산해보고, 이 장사가 성공할 수 있을지 그렇지 못할지 판단하라는 말이다.

여기에 중요한 원칙이 더해진다. 열두 번째과 서른 번째 계명이다.

"무리한 승부를 버리면 마음이 편하고 번영한다."

"사업을 할 때 70~80% 정도의 승산밖에 없으면, 그만두는 것이 낫다."

승산이야 누구나 따질 수 있다. 하지만 '이건 아니다' 싶을 때, 즉 확실한 승률이 나오지 않을 때 욕심을 버리기란 쉬운 일이 아니다. 하지만 그럴 때 무리하지 말고 후일을 도모해야 한다. 이렇게 해야 진정한 승리를 거둘 수 있다.

도전할 때는
싸울 상대부터 파악하라

1995년 12월 31일, 〈워싱턴포스트〉는 지난 1000년의 마감을 선언하면서 1000년간 최고의 인물로 칭기즈칸成吉思汗을 꼽았다. 1997년 4월 〈뉴욕타임즈〉가 세계를 움직인 역사적인 인물을 뽑을 때에도 첫 번째 자리는 칭기즈칸의 것이었다.

그는 세계 역사상 가장 넓은 대륙을 정복한 몽골 제국의 창시자다. 1219년에 시작한 그의 호라즘Khwarezm 정벌은 1225년 그가 몽골로 귀환할 때까지 6년간 계속되었다. 이 중 1220년 4월 11일 일어난 부하라Bukhara 전투는 적의 허를 찌른 기습적인 전격전이었다. 이 전투는 몽골 군이 처음으로 서구 역사에 모습을 드러낸 전투로, 13세기 무슬림 국가들에게 큰 충격을 안겼다.

몽골보다 12년 정도 앞선 신생 제국이었던 호라즘은 당시 실크로드의 중심부를 장악하고 있었다. 칭기즈칸은 1216년 동쪽에서 가장 큰 세력이던 금나라를 굴복시키고는 서쪽으로 관심을 돌렸다. 1218년 그는 호라즘 왕국의 샤Shah(페르시아의 왕을 일컫는 호칭)인 무하마드 2세에게 사절단을 보내 중국과 유럽을 잇는 실크로드의 통행을 재개하자고 하였다. 무하마드 2세는 기꺼이 조약에 서명했다.

그런데 문제가 발생했다. 몽골 상인들이 호라즘의 북동쪽에 위치한 도시 오트라르에 도착해 물건을 구입하기 시작했는데, 오트라르의 총독이 몽골 상인들을 스파이로 몰아 전부 살해한 것이다. 이 충격적인 소식을 접한 칭기즈칸은 무하마드 2세에게 정식으로 사절단을 보내 책임자 처벌과 공식적인 사과를 요구했다. 그런데 무하마드 2세는 보란 듯이 그 사절단 중 몇은 죽이고 몇 명은 얼굴을 흉측하게 망가뜨려 돌려보냈다.

무하마드 2세는 상대를 잘못 봐도 한참 잘못 본 것이다. 건드리지 말아야 할 상대를 건드린 것이라고 할까? 하지만 그때까지는 그 누구도 이 일이 무하마드 2세와 무슬림 전체에 얼마나 무시무시한 영향을 끼칠지 알지 못했다.

분노한 칭기즈칸은 1219년 호라즘 정벌을 위해 15만 명의 병력을 모았다. 무하마드 2세는 칭기즈칸의 공격을 대수롭지 않게 생각했다. 그에게는 40만 명의 정예 부대가 있었고, 자신의 영토에서 싸운다는 이점까지 있었던 까닭이다. 하지만 그가 몰랐던 것이 있다. 칭기즈칸은 무하마드 2세가 믿고 있는 것들을 훌쩍 뛰어넘을 만한 강점들을 많이 갖고 있다는 사실을 말이다.

칭기즈칸은 두 방향으로 부대를 나누어 침공해 들어갔다. 한 부대는 호라즘의 북부 지역을 향하는 아쿰 사막과 알라타우 산맥 사이의 황폐한 골짜기를 지나는 길로 보내고, 다른 부대는 위구르 관문을 지나 투르키스탄 북쪽의 천산 산맥을 넘도록 했다.

영하 50도를 밑도는 천산 산맥의 추위는 너무 매서웠기에 무하마드 2세는 한겨울에 그곳을 넘어서 침공해올 적이 있으리라고는 생각지도 못했다. 그런데 갑자기 몽골 군이 나타난 것이다. 1220년 몽골 군대는 오트라르에 도착했고 도시의 성채를 바라보며 포진했다. 전투는 장장 5개월 동안 이어졌고, 더 이상 지탱할 수 없게 된 성안의 사람들은 결국 몽골 군에게 항복했다.

그런 다음 칭기즈칸은 곧바로 키질 쿰 사막을 넘어 부하라로 향했다. 칭기즈칸 이전에는 그 어떤 군대도 사막을 횡단해야 하는 정복 전쟁에 성공한 적이 없었다. 역사가들은 이 놀라운 횡단을 두고 한니발이 알프스를 넘은 것과 같은 충격적 사건으로 기록했다.

무하마드 2세가 그런 사실을 알게 된 것은 4월 초였다. 그때는 칭기즈칸이 이미 남쪽 사막 끝에서 누루타를 함락시키고 부하라에 모습을 드러냈을 때였다. 그야말로 빛의 속도로 달린 것이다. 칭기즈칸은 부하라의 성문 중 하나를 열어 주둔군을 성 밖으로 나오도록 유인했다. 결국 이 유인 작전은 성공했고, 부하라는 4월 11일에 함락되었다.

이렇게 하여 수적 열세에 있던 몽골 군은 한 달 반 만에 30만 명에 달하는 적을 무력화시켰다. 이후에도 칭기즈칸은 호라즘의 군대를 끝까지 추격해서 그들의 마지막 요새인 사마르칸트에 있는 11만 명의 투르크와 타지크 병사들을 섬멸했다. 한편 사마르칸트를 탈출한 무하마드 2세는 칭기즈칸의 추격대에 정신없이 쫓기다가 카스피 해의 작은 섬 아베스쿤에서 누더기 옷을 입은 채 굶주리다 죽고 말았다.

知可以與戰不可以與戰者勝
지 가 이 여 전 불 가 이 여 전 자 승

더불어 싸울 수 있는 적인지,
더불어 싸우면 안 되는 적인지를 아는 자가 이긴다.

— 모공(謀攻) 제3편

《손자병법》 모공謀攻 제3편에서는 승리를 미리 알 수 있는 방법 다섯 가지知勝有五를 이야기하는데, 그중 제일 먼저 나오는 것이 이 말이다.

싸우기 위한 힘을 모으거나 기술을 아는 것도 중요하지만, 그보다 먼저 내가 싸울 상대가 어떤 자인지를 파악해야 한다. 내가 싸워볼 만한 상대인지, 싸움을 걸어서는 안 되는 상대인지 제대로 판단하지 못하고 함부로 덤볐다가는 스스로를 파멸로 밀어넣는 결과를 불러올 수도 있기 때문이다.

상대를 가늠하는 척도는 몇 가지가 있다. 첫째는 병력의 훈련 정도이고, 둘째는 리더의 자질이다. 셋째는 무기 체계의 우월성이고, 넷째는 보급 수송이 원활한가 하는 것이며, 다섯째는 전략이다. 이 모든 점에서 무하마드 2세는 칭기즈칸을 따라잡을 수 없었다. 그런데도 싸움을 걸었으니, 패배는 당연한 수순이었던 셈이다.

나의 경쟁자는 누구인가?

우리의 일상에서도 이런 원칙은 적용된다. 내가 대적해볼 수 있는 상대인지 아닌지 파악하여, 버거운 상대라고 판단될 때에는 처음부터 아예 꼬리를 내리는 것이 현명하다. 반면 내가 겨뤄볼 만한 상대라면 이길 방법을 찾아야 한다.

전학 간 학교에서 괜스레 기선을 제압하겠다고 어깨를 툭툭 건드리는 사람이 있을 때, 순간적으로 판단해야 한다. 내가 싸워 이길 수 있는 상대인가, 아닌가? 만약 이길 수 없을 것 같으면 처음부터 고분고분하게 구는 것이 신상에 이롭다. 괜히 알량한 자존심 때문에 대들었다가 본전도 못 챙길 수 있으니 말이다.

이는 사회 생활에도 고스란히 적용된다. 주변을 잘 둘러보아 누가 윗사람으로 섬기며 본받아야 할 사람인지, 누가 서로를 자극하며 함께 경쟁해야 할 사람인지 파악하여 처신해야 한다. 그래야 경쟁 상대의 갑작스런 공격에도 나를 지킬 수 있으며, 또한 그에 비해 내게 부족한 부분이 무엇인지 찾아 보완할 수도 있다. 그리고 이를 바탕으로, 때가 되면 경쟁 우위를 점할 수도 있다. 그래서 늘 '나의 경쟁 상대는 누구인가?'에 신경을 곤두세울 필요가 있다.

이때 주의해야 할 점은 경쟁 상대가 항상 나와 동종업계에 있는 것은 아니라는 점이다. 예컨대 '나이키의 경쟁 상대는 닌텐도'라는 말이 있다. 청소년들이 닌텐도에 빠지면 실외 활동이 줄어들어 신발이 팔리지 않으니, 다른 운동화들보다 닌텐도가 더 강력한 경쟁 상대라는 것이다.

이처럼 지금까지 경쟁의 범위로 생각하던 테두리가 깨지고 있다. 나와 겨룰 경쟁 상대도 전혀 생각지 못했던 분야에서 분전하고 있을지 모른다. 그렇기에 우리가 경쟁 상대를 가늠하는 기준 역시 더 광범위해지고 다양해져야 한다.

개인의 명분보다
대의를 추구하라

한국전쟁 중 벌어졌던 지평리 전투의 영웅 랄프 몽클라르Ralph Mon-clar는 프랑스 육군 중령이었다. 그는 1, 2차 세계대전에서 이미 용맹을 떨쳐 각종 무공훈장을 받으며 육군 준장으로 전역한 전쟁 영웅이었다. 그런데 프랑스 군대가 한국전 참전을 결정하자, 스스로 4계급이나 낮춘 중령 계급으로 대대의 지휘관이 되기를 자청한 것이다. 프랑스 국방차관이 만류하자 그는 결연한 의지를 밝혔다.

"중령이라도 좋습니다. 저는 언제나 전쟁터에서 살아왔습니다. 곧 태어날 자식에게 제가 최초의 유엔군 일원으로 참전했다는 긍지를 물려주고 싶습니다."

한국이라는 작은 나라의 전쟁에 뛰어들면서, 그는 계급이라는 명예보다 더 중요한 '가치'를 지향한 것이다.

지평리 전투는 몽클라르 외에 또 한 명의 영웅을 만들어냈는데, 바로 폴 프리먼 대령이다. 그는 당시 몽클라르의 프랑스 대대를 포함한 미 23연대 전투단을 지휘했던 연대장이었다. 그는 심각한 부상을 입고도, 후송을 거부하고 마지막까지 싸워 지평리 전투를 승리로 이끌었다.

지평리 전투는 1951년 2월 13일부터 3일간 경기도 양평군 지평리 일대에서 미국과 프랑스 연합군이 중국 인민해방군과 벌인 격전이다. 중국 군이 지평리를 노린 이유는 자명했다. 지평리는 미 9군단과 미 10군단을 연결하는 지점으로, 중부 전선에서 서울 – 양평 – 홍천 – 횡성 – 여주를 연결하는 교통의 요지였고, 이곳을 잃으면 서부 전선 연합군의 측면이 크게 위협받게 돼 있었다. 당시 홍천의 삼마치 고개에 진출했던 연합군은 중국 군의 공격을 버텨내지 못하고 후퇴했다. 그러자 미 9군단의 우측방을 엄호하기 위해 지평리에 진주하던 미 23연대 전투단의 진지만 홀로 남게 되었다. 이에 따라 연대장 폴 프리먼 대령은 철수를 건의했지만, 미 8군 사령관 리지웨이 장군은 현지 사수를 명령했다.

지평리 주변에는 높이 280m 내외의 고지가 병풍처럼 둘러싸고 있어 방어에 유리했다. 하지만 18km나 되는 둘레에 모두 배치하기에는 병력이 턱없이 모자랐다. 고심하던 프리먼 대령은 결국 동서남북 사방에 방어 진지를 구축하는 전략을 택했다. 북쪽에 1대대, 동쪽 3대대, 남쪽 2대대, 그리고 서쪽에는 몽클라르 중령이 지휘하는 프랑스군 대대를 배치했다.

2월 13일 낮 중국 군 2개 사단은 지평리 주변으로 연결되는 도로를 차례로 차단했다. 그리고 해가 지자 일제히 횃불을 올려 '너희들은 이제 꼼짝없이 포위됐다!'고 외치며 심리적인 압박을 가했다. 미군이 곡사포로 맹렬한 포격을 가했으나 중국 군은 여덟 차례나 진격과 후퇴를 반복하면서 끈질기게 물고 늘어졌다.

치열한 격전 중에 프리먼 대령의 지휘소 텐트에 박격포탄이 떨어졌다. 텐트 안 침대에서 쉬고 있던 프리먼 대령은 텐트를 뚫은 포탄의 파편이 왼쪽 종아리에 박히는 부상을 입었다. 프리먼 대령은 응급처치만 받은 후 곧바로 다시 최전방 진지로 나가, 다리를 절뚝이면서 병사들을 독려했다. 그의 부상 소식을 들은 미 10군단장이 곧바로 지휘관을 교체하려 했지만, 그는 '제가 우리 부대원들을 이곳으로 끌고 왔으니 마무리도 제 손으로 직접 하겠습니다'라며 자리를 지켰다. 영화 〈위워솔저〉를 보면 무어 중령의 묵직한 대사가 나온다.

"우리가 전투에 투입되면 내가 맨 먼저 적진을 밟을 것이고, 맨 마지막에 적진에서 나올 것이다. 단 한 명도 내 뒤에 남겨 두지 않겠다. 우린 살아서든 죽어서든 다 같이 고국에 돌아올 것이다."

이것은 바로 프리먼 대령의 말을 그대로 따온 것이다.

이때 몽클라르 중령의 프랑스 대대도 위기에 빠졌다. 정면뿐 아니라 측면에서도 새까맣게 중국 군이 몰려왔기 때문이다. 전투는 2월 14일 새벽 2시쯤 중국 군이 피리와 나팔을 불며 공격해오면서 극에 달했다. 프랑스 군도 맞불 작전으로 수동식 사이렌을 요란하게 울리며 적의 기세를 제압했다. 또 적이 진지까지 기어 올라와 백병전이 불가피해지자, 몽클라르 중령을 비롯한 프랑스 군은 철모 대신 빨간 수건을 머리에 두르고는 총검과 개머리판으로 적과 싸웠다.

이 무렵 후방에서는 지평리에 고립된 연대를 구출하기 위해 크롬베즈 특별 임무 부대가 편성되었다. 그들은 2월 15일 아침 중국 군과 첫 교전을 시작하여, 다음날인 2월 16일 결국 중국 군에게 3일 동안 포위되어 있던 미국과 프랑스 연합군을 구출해냈다. 중국 군은 큰 피해를 입고 철수했다. 중국 군에게는 참전 이후 첫 패배였다.

지평리 전투의 승리가 알려지자 유엔군은 자신감을 얻었다. 이 승리는 반격의 발판이 되어 향후 한국전쟁을 승리로 이끄는 데도 큰 영향을 끼쳤다.

부상을 입고도 자기 자리를 지키며 책임을 다했던 폴 프리먼 대령은 사관학교 교재에 실릴 정도로 유명해졌으며 훗날 대장으로 진급하여 육군참모총장과 유럽 주둔 미군 사령관을 역임했다.

몽클라르 중령과 프리먼 대령은 자신들이 언제 나아가야 할지 잘 알았다. 그들은 공명심 때문이 아니라 군인으로서의 '더 큰 가치'를 위해 나아갔다. 그리고 그들은 아무리 목숨이 경각에 달린 위기에 처해도, 있어야 할 때 있어야 할 장소에서 떠나지 않았다.

進不求名 退不避罪
진 불 구 명 퇴 불 피 죄

나아감에 사사로운 명예를 구하지 아니하고,
물러남에 죄를 피하지 않는다.

— 지형(地形) 제10편

《손자병법》지형地形 제10편에 보면 이런 말이 있다.

"나아감에 사사로운 명예를 구하지 아니하고進不求名, 물러남에 죄를 피하지 않으며退不避罪, 오직 백성을 보호하고 군주를 이롭게 하려 한다면唯民是保而利於主 이는 나라의 보배다國之寶也."

나라의 보배가 될 만한 사람은 사명이 자신을 부를 때, 사람들이 필요로 할 때 나아가는 법이다. 즉 사사로운 명예를 구하려고 나아가서는 안 되며, 보다 큰 '가치'를 좇아야 한다는 것이다.

그렇다면 '물러남에 죄를 피하지 않는다'는 말은 무슨 뜻일까? 그저 자신의 직책이나 몸을 보존하기 위해 중대한 책임을 팽개치고 뒤로 빠져서는 안 된다는 뜻이다. 이순신 장군이 명량해전 직전에 투옥된 과정을 보면 이 어구를 정확히 이해할 수 있다.

당시 그는 조정으로부터 부산으로 출정하라는 명을 받았다. 그런데 부산 일대에는 이미 일본 군이 먼저 와서 진을 치고 있었다. 수륙 합동 작전을 펼치지 않는 한 승산이 없는 싸움이었다. 자칫 수군 단독으로 들어갔다가는 적의 매복에 걸려 다 죽을지도 모를 일이었다.

때문에 이순신 장군은 나아가지 않고 물러가겠다는 특단의 결심을 하게 된다. 그저 책임을 회피하고 죄를 피하기 위해 물러선 것이 아니라 대의를 위해 물러선 것이었다. 결국 이순신 장군은 그 책임을 지고 투옥되어 죽을 고비를 넘겼다. 이처럼 물러남은 책임을 회피하기 위해서가 아니라 더 큰 의미를 위해 결정해야 하는 것이다.

가치를 좇을 때 두렵지 않다

싸움꾼에도 급이 있다. 삼류 싸움꾼은 오직 자신의 이득을 위해서 소매를 걷어붙인다. 그러나 진짜 싸움꾼은 싸워야 할 분명한 명분이 있을 때 나선다. 삼류 싸움꾼은 말이 많아 말부터 앞세우기 일쑤다. 하지만 진짜 싸움꾼은 말은 적게 하고 행동으로 보여준다. 삼류 싸움꾼은 주변의 돌아가는 눈치를 살피느라 어정쩡한 중간 자세를 취하는 일이 잦다. 그러나 진짜 싸움꾼은 나서야 할 때 확실히 나서고 물러나야 할 때는 깨끗이 물러난다. 그 태도가 애매하지 않고 진퇴가 분명하다.

당신은 어떤가? 사회생활을 하다 보면 여러 경우를 만난다. 만약 불의가 행해지는 것을 보았다면 어떡할 것인가? 누군가가 도움을 청하는 손을 내밀 때는 어찌 해야 할까? 옳지 않은 인생의 지름길을 발견했을 때는 어떡할 것인가?

대개의 사람들이 어느 쪽이 옳은지 알고 있다. 하지만 평소 어지간히 확고한 삶의 가치관을 가진 사람이 아니라면 알고 있는 것을 곧바로 행동으로 옮기기가 쉽지 않다. 사람은 누구나 두려움을 가지고 있기 때문이다.

그 두려움을 이기는 것은 두려움을 넘어서는 보다 큰 가치를 지향할 때다. 아기가 화재의 현장에 있을 때 엄마는 주저하지 않고 불 속으로 뛰어든다. 두려움이 없어서가 아니다. 그 마음에 두려움을 넘어서는 무엇이 있기 때문이다. 그 가치를 품게 되면 개인의 사욕이나 두려움을 넘어설 수 있을 것이다.

온전한 승리가
진정한 승리다

미국 필라델피아의 어느 빈민가에서 4회전 복서로 근근이 입에 풀칠하며 살아가던 한 청년. 그에게는 미래가 보이지 않았다. 암울했다. 삶을 지탱하게 하는 유일한 힘은 그가 짝사랑하는 애완동물 가게 점원 애드리언뿐이다. 그러던 어느 날 그에게 천금 같은 기회가 왔다. 한 헤비급 세계 챔피언이 독립 기념일에 무명 복서의 도전을 받는 이벤트를 열기로 한 것이었다. 순간 청년에게 목표가 생겼다. 그것은 15회 동안 챔피언의 핵주먹을 버텨내는 것이었다.

드디어 결전의 날. 청년은 방심한 챔피언을 먼저 다운시키는 등 선전을 하더니 기어이 15회를 견뎌냈다. 결과는 판정패였지만, 그는 인간 승리의 주인공이 되었다.

70, 80년대를 기억하는 사람들이라면 아마 이 영화도 잘 기억할 것이다. 세계 챔피언 무하마드 알리와 겨뤘던 무명 복서의 실화를 다룬 〈록키Rocky〉다. 암울했던 1970년대를 살던 사람들은 자신의 처지를 비춰주는 이 영화를 보고 열광하며 감동과 응원의 박수를 쳤다.

하지만 손자가 이 영화를 봤다면 아마 전혀 다른 반응을 보였을 것이다.

"어이쿠, 한심한 친구 같으니라고……."

록키는 손자가 가장 싫어하는 형태의 싸움을 했기 때문이다. 기적이라도 이뤄낼 것처럼 죽기 살기로 훈련을 하더니 결국 얻어낸 것이 승리도 아니고 만신창이가 되도록 맞는 것이라니. 여섯 편의 시리즈에서 록키는 매번 시퍼렇게 멍든 눈에 통통 부은 입 모양을 하고는 당장이라도 쓰러질 듯한 모습으로 마지막을 장식한다. 이것이야말로 상처뿐인 영광이다. 이처럼 득보다 실이 큰 싸움은 가장 피해야 할 싸움이다.

전쟁사에서는 비슷한 사례로 '피로스의 승리Pyrrhic Victory'를 들 수 있다. 피로스Pyrrhos는 기원전 3세기경에 북부 그리스 지방에 있었던 에페이로스라는 나라의 왕이었다. 어떤 역사가들은 그를 알렉산더 대왕과 비견할 만한 인물로 다룬다. 피로스는 기원전 279년 2만 5,000명의 군인과 20마리의 코끼리를 이끌고 로마를 침공해 헤라클레아와 아스쿨룸에서 승리를 거두었다. 그러나 이 과정에서 그는 군대의 3분의

1 이상을 잃었다. 승전을 축하하는 자리에서 그는 이렇게 탄식했다.

"슬프다. 이런 승리를 한 번만 더 거두었다가는 우리는 망하고 말 것이다."

이기긴 했지만 승리 자체가 오히려 재앙이 된 경우다. 이것이 '상처뿐인 승리'를 가리킬 때 흔히 거론되는 피로스의 승리로, 1885년 영국의 〈데일리 텔레그래프〉가 처음 사용하면서 쓰이기 시작했다.

피로스의 말은 곧 현실이 되었다. 이기기는 했지만, 그의 군대는 예전의 상태로 재건되기 어려울 정도로 파괴되었다. 그 허점을 노린 로마인들은 즉시 후속 공격을 감행했고, 이어지는 전쟁에 지칠 대로 지쳐 있던 피로스의 군대는 점차 무너져갔다. 결국 피로스는 기원전 272년 스파르타를 점령하기 위해 싸움을 벌이다 아르고스 시에서 전사했다.

이겼다고 해서 무조건 좋은 것만은 아니다. 손실이 많으면 이겨도 이겼다 할 수 없다. 그러니 전략을 잘 세워 가능한 싸우지 않고 이겨야 하고, 만약 피할 수 없다면 피해를 최소화할 수 있도록 현명하게 싸워야 한다.

自保而全勝
자 보 이 전 승

스스로 보존하면서 온전한 승리를 얻는다.
— 군형(軍形) 제4편

《손자병법》13편의 글자를 모두 합치면 6,109자가 된다. 그런데 그 글자들을 모두 지워버리고 핵심이 되는 딱 한 글자만 남기라 한다면, 그건 바로 '전全'이라고 생각한다.

전의 의미를 좀 더 확장하면 곧 '자보이전승自保而全勝'이 된다. 그러니 《손자병법》의 핵심, 즉 '현명하게 잘 싸우는 법'을 한마디로 하면 이 말이라는 것이다. 여기서 전의 의미를 정확히 새길 필요가 있다. 이때의 전은 '완전完全'이라기보다는 '온전穩全'이라는 의미가 더 강하다. '완전'이란 '하나도 빠짐없이 모두 갖춰져 있는 상태'를 말하지만, '온전'이란 '처음 형태 그대로 보존된 상태'를 가리키는 말이다. 다시 말해 '완전한 승리'보다 더 중요한 것은 '자신의 것을 잃지 않고 잘 지켜낸 승리'라는 것이다. 이것이 완전과 온전의 미세하지만 중요한 차이다.

역사 속에서 위대한 승리로 손꼽히는 전투들을 가만히 보면, 대개 아군의 피해를 최소화하면서 승리를 거둔 경우라는 것을 알 수 있다. 스스로를 무너뜨리면서 얻는 승리는 가치가 없기 때문이다. 따라서 승부를 내야 할 때에는 언제나 '자보이전승'을 지상 목표로 삼아야 한다. 그래야 온전한 승리를 거둘 수 있기 때문이다. 승리 자체에만 눈이 멀어, 물고 뜯는 싸움을 하느라 구성원들이 상처를 입거나 조직에서 떨어져나가는 것을 놓쳐서는 안된다.

완전한 것보다 온전한 것에 집중하라

예전에 어떤 코미디 프로그램에 두 사람이 매운 고추를 누가 더 잘 먹나 시합을 벌이는 장면이 있었다. 한 사람이 먼저 눈에 불꽃을 튀기며 고추를 먹기 시작했다. 눈물 콧물을 다 흘려가며 매운 고추를 한 웅큼 입에 쑤셔넣었다. 그러자 경쟁자는 고추 한 개를 들고 슬쩍 냄새를 맡는가 싶더니, 상대편의 망가지는 모습을 흘깃 보고는 한마디 툭 던졌다.

"기권."

어이없이 이긴 승자는 승리를 거두고도 고통스러워했고, 그것을 보고 있는 관객들은 웃음보가 터졌다. 그 웃음은 너무도 처참한 모습으로 '승리'만 붙잡으려 했던 승자에게 던지는 비웃음이 아니었을까? 하지만 그처럼 말도 안 되게 어리석은 행동을 하는 경우를 우리는 주변에서 흔히 볼 수 있다.

주위를 돌아보면 곳곳에서 싸움이 벌어지고 있는 것 같다. 우리가 그만큼 치열한 경쟁의 시대에 살고 있는 것이다. 세상은 냉혹하고 잔인한 전쟁터다. 하지만 심산유곡에 파묻혀 살지 않는 한 이 전쟁터를 피해갈 방법이란 없다. 경쟁과 다툼의 세상에 정면으로 맞서야 한다. 그렇다면 우리의 관심은 '어떻게 현명한 싸움을 할 것인가?'에 맞춰져야 하는 것이 아닐까?

'이긴다'는 명제에만 눈이 멀어 질주하다 보면 브레이크가 고장난 자동차처럼 무작정 달리게 될 수도 있다. 결승선을 통과한다 하더라도 이미 너무 많이 부서진 후라면, 진정한 승리라 할 수 없을 것이다.

록키와 같이 피투성이 승리를 하고 싶지 않다면, 피로스와 같이 곧 쓰러질 모래성 같은 승리를 거두고 싶지 않다면, 어떻게 해야 내 것을 잘 지키면서 원하는 목적을 달성할 수 있는가를 늘 모색해야 할 것이다. 그러기 위해서는 어떻게든 이기기만 하면 된다고 생각할 것이 아니라, 자신과 자신의 조직에 가급적 손실을 입히지 않으면서 이길 전략을 찾아야 할 것이다. 완전한 것보다 온전한 것에 더 집중하는 지혜가 필요하다.

유리한 고지는
먼저 점령하라

통영 상륙 작전이 성공한 4일 후인 1950년 8월 23일, 최초의 퓰리처상 여성 수상자인 〈뉴욕 헤럴드 트리뷴〉 지의 마거리트 히긴스 기자는 '귀신 잡는 해병Ghost-catching Marines'이라는 제목으로 이 소식을 전 세계에 보도했다. 그 후 한국의 해병대에 '귀신 잡는 해병대'라는 별칭이 붙었다.

통영 상륙 작전은 전 세계에 대한민국 해병대의 위용을 과시했을 뿐 아니라, 한 리더의 적확한 판단과 과감한 결심이 얼마나 중요한지도 잘 보여준 전투였다. 또한 통영 상륙 작전은 우리나라 해병대 최초의 상륙 작전이라는 의미도 갖고 있다.

한국 해군은 1948년에 있었던 여순 반란 사건을 경험하면서 상륙군 없이는 작전을 성공적으로 수행할 수 없다는 인식을 갖게 되었다. 그래서 1949년 4월 15일 미국 해병대를 롤모델로 하는 대한민국 해병대가 창설되었다. 사령관 신현준 대령과 참모장 김성은 중령으로 지휘부를 구성한 해병대는 우선 지리산과 제주도 등지에 있는 공비 토벌 작전에 투입되었다.

통영 상륙 작전은 1950년 8월 17일에 있었다. 당시 북한군은 낙동강까지 밀고 내려왔고 국군은 이들을 막기 위해 마지막 한 방울의 피까지 흘리며 결전을 하고 있었다. 낙동강 전선에 모든 병력이 집중되다 보니 남해의 통영은 무방비 상태로 놓여 있었다. 그 틈을 노려 북한군 1개 대대 병력이 침입했다.

해군 본부에서는 진해에 있던 김성은 부대장에게 곧 북한군의 목표가 될 거제도 일대를 지키라는 명령을 내렸다. 명령에 따라 2척의 상륙함으로 그날 밤 10시경 진해를 출항한 김성은 부대장은 다음날 새벽 통영 반도 동북방에 도착했다. 2개조의 정찰대를 운용하여 통영 시가지 쪽과 거제도 서해안 쪽 적의 동태를 살펴본 김성은 부대장은 과감한 판단을 내렸다. 즉 얼마 안 되는 해병대 병력으로 거제도의 긴 해안을 지키는 소극적인 방어를 하느니 차라리 통영읍 장평리에 기습적인 상륙전을 감행하는 편이 낫겠다는 것이었다.

결심을 굳힌 김성은 부대장은 해군 본부에 명령 변경을 요청했다. 수차례 설득 과정을 거쳐야 했지만 승인이 떨어졌다. 그러자 김성은 부대장은 통영 해상을 지키고 있던 수척의 해군 함정을 지원받아 상륙 작전을 게시했다.

1950년 8월 17일 오후 6시 장평리에 해병대가 처음으로 발을 디뎠다. 장평리에 상륙한 해병대는 통영을 향해 남쪽으로 내려오면서 두 개의 점령 목표를 정했다. 원문고개와 망일봉이었다.

원문고개는 고성에서 통영과 거제를 가려면 반드시 지나가야 하는 곳이다. 지금은 우측 바다가 매립되어 신도시가 형성되었지만 1990년 이전에는 좌우측이 모두 바다였다. 원문고개는 또한 적의 퇴로를 막고 적의 후속 부대가 진입하지 못하도록 막을 수 있는 곳이기도 했다. 때문에 반드시 적보다 먼저 점령해야 하는 곳이었다. 해병대는 상륙 이튿날인 18일 새벽 1개 중대를 원문고개에 진출시켰다.

또 다른 일부 부대는 서둘러 망일봉을 선제 점령하도록 했다. 망일봉은 높이가 148m로 그다지 높은 곳은 아니지만, 통영 시내를 한눈에 볼 수 있는 중요한 장소다. 해병대는 망일봉에 오르자마자 뒤따라 올라온 100여 명의 북한군을 요격했다.

그날 오후 해병대는 해군 본부로부터 탄약과 1개 중대의 병력을 증원받았고, 그 다음날인 8월 19일 새벽을 기해 총공격을 감행하여 오전 10시 무렵 드디어 통영 시가지를 완전히 탈환했다. 이것이 한국 최초의 단독 상륙 작전이었다.

원문고개와 통영 시가지를 빼앗긴 북한군은 그날 오후 대대적인 반격을 해왔다. 북한군 1,000여 명이 원문고개로 공격해왔지만, 해병대가 광도면 앞바다에 찾아온 아군 함정의 함포 지원을 받으며 목숨을 걸고 방어하여 물리칠 수 있었다.

先處戰地而待敵者佚
선 처 전 지 이 대 적 자 일

後處戰地而趨戰者勞
후 처 전 지 이 추 전 자 노

故善戰者 致人而不致於人
고 선 전 자 치 인 이 불 치 어 인

먼저 싸움터에 가서 적을 기다리는 자는 편안하고,
뒤늦게 싸움터로 달려가서 급하게 싸우는 자는 피곤하다.
그러므로 잘 싸우는 자는 적을 이끌되 적에 의해 끌려가지 않는다.

— 허실(虛實) 제6편

적보다 먼저 싸움터에 가 있게 되면 여러 가지 면에서 이점이 있다. 먼저 유리한 고지를 먼저 점령할 수 있다. 원문고개와 망일봉이 바로 그러한 고지다. 만약 원문고개를 먼저 차지하지 못했다면 통영 탈환 작전도 성공하지 못했을 것이고, 그 후에 재탈환하려고 몰려온 북한군도 무찌르지 못했을 것이다. 또한 통영 시내를 한눈에 볼 수 있는 망일봉 또한 중요한 거점이었다. 이 두 장소를 먼저 점령했기 때문에 작전을 성공시킬 수 있었다.

내가 먼저 싸움터에 나가서 유리한 고지를 선점하면 마음이 편해지고, 적이 올 때까지 쉴 수 있으니 몸도 편해진다. 그러나 늦게 도착하여 고지를 탈환해야 하는 입장이 되면 마음이 조급해지고 몸도 힘들어진다. 따라서 리더는 다음 두 가지를 잘해야 한다.

첫째, 어느 곳이 유리한 고지인지 잘 식별해야 한다. 시간이 촉박한 상황에서 단번에 그것을 파악하기란 쉬운 일이 아니다. 이를 위해서 리더는 평소 즉각적으로 상황을 판단하는 능력을 길러야 한다.

둘째, 식별을 했으면 지체 없이 행동으로 옮겨야 한다. 시간은 적과 아군에게 공평하다. 고지의 주인은 누가 먼저 행동으로 옮기느냐에 따라 달라진다. 그러므로 판단이 내려지면 곧바로 행동으로 옮기는 실천력이 필수다.

중요한 고지를 먼저 점령하면 적과 상황을 내가 원하는 대로 이끌 수 있게 된다. 그래서 이어지는 어구가 바로 '치인이불치어인致人而不致於人'이다. '적은 내 의지대로 이끌되 나는 적에게 끌려가지 않는다'는 말이다. 즉 사람과 환경을 내가 주도할 수 있게 된다.

경쟁우위는 보다 실천적인 사람의 몫

요즘 회사 분위기가 어수선하다. 다음 달에 진급자 명단이 발표되기 때문이다. 그동안 김 대리는 과장 진급을 놓고 박 대리와 보이지 않는 경쟁을 하고 있었다. 드러내놓고 얘기하지는 않지만, 둘 사이에는 팽팽한 긴장감이 흐르고 있었다. 그런데 오늘 오전 전체 직원 회의에서 박 대리가 사장님께 크게 칭찬을 받았다. 지난번에 박 대리가 기획한 상품이 백화점에서 큰 인기를 끌고 있다는 보고가 올라왔기 때문이었다. 그 순간 김 대리는 박 대리가 '유리한 고지를 먼저 점령'했음을 깨달았다.

승리를 위해 유리한 고지를 선점해야 한다는 것은 이미 알고 있을 것이다. 그런데 오늘날과 같이 늘 경쟁을 해야 하는 사회에서는 누가 먼저 유리한 고지를 점령하느냐가 더욱 중요한 의미를 갖는다.

경쟁 사회에서 다른 사람보다 먼저 유리한 고지를 점령하려면 어떻게 해야 할까? 박 대리와 같이 소비자의 니즈에 꼭 맞는 상품을 기획하고 출시하여 눈에 보이는 확실한 성과를 얻는 것도 한 방법이다. 그런데 이런 방식이 아니더라도 자신이 처한 상황에서 가장 유리한 고지가 무엇인지 그때그때 잘 판단해야 한다. 파악을 하고 다른 사람보다 빠른 추진력으로 실천할 때 선점이 가능하다.

내가 아니어도 어차피 누군가는 점령할 고지이다. 점잖게 있어서는 고지를 점령할 수 없다. 고지는 누구의 편도 아니다. 고지의 주인은 누가 보다 적극적이냐, 누가 보다 실천적이냐, 누가 보다 창의적이냐에 따라 달라진다.

운이 따르는 데는
이유가 있다

독일 월드컵 경기를 끝내고 인천 공항에 도착한 아드보카트 감독은 이런 말을 했다.

"월드컵처럼 큰 대회에서는 운도 따라야 한다."

그렇다. 거의 모든 출전 선수가 최고의 기량을 펼치는 세계적인 경기에서 이기려면 어느 정도 운도 따라줘야 승리한다. 전쟁도 마찬가지다. 다양한 요소들이 승패에 복합적으로 영향을 미치는 전쟁에서는 전략 못지않게 운이 중요하다.

1453년 5월 29일은 동로마 제국의 수도인 콘스탄티노플Constantinople이 오스만투르크의 발 아래 무너진 날이다. 콘스탄티노플은 삼각형 모양의 도시로 삼각형의 두 변에 해당되는 부분은 마르마라 해와 황금 곶에 접해 있고, 육지 쪽은 테오도시우스라 불리는 거대한 3중 성벽으로 둘러싸여 있는 난공불락의 요새였다. 콘스탄티노플은 그 덕분에 1000년 동안 외침을 허용하지 않은 고도古都로 명성이 자자했다.

바로 이곳을 오스만투르크의 군주인 27세의 메흐메트 2세Mehmet Ⅱ가 노리고 있었다. 그는 이 도시를 점령하기 위해 모든 방법을 동원했다. 특히 거대한 테오도시우스 성벽을 무너뜨리기 위해 대포를 특수 제작하기까지 했다. '몬스터'라고 불린 이 대포는 길이가 8m나 되어 한 문을 수레에 싣고 끄는 데만 해도 100마리의 소가 필요했으며, 200명의 병사가 흔들리는 수레 양쪽을 받쳐야 했다. 메흐메트 2세는 그런 대포를 20～30문이나 동원해 콘스탄티노플 성벽을 공격했다. 하지만 그런 무지막지한 공격에도 콘스탄티노플은 굳건히 버텼다.

육지에서의 정면 공격으로는 점령이 어렵겠다고 판단한 메흐메트 2세는 다른 방법을 찾아냈다. 그것은 성벽 반대편의 바다에서 성을 공격하는 것이었다. 그런데 성 북쪽의 황금 곶 입구에는 메흐메트 2세와 중립 협정을 맺은 제네바의 도시 갈라타가 있었다. 게다가 황금 곶으로 향하는 해협의 바닷속에는 쇠사슬이 가로막고 있었다. 황금 곶 입구를 이용하지 못하게 된 메흐메트 2세는 기상천외한 생각을 해낸다. 그것은 갈라타 언덕에 통나무를 깔고, 72척의 배를 그 위로 굴려서 언덕을 넘은 뒤 황금 곶 바다에 띄우는 것이었다. 그런데 메흐메트 2세는 이 말도 안 되는 계획을 실현시켰다. 그것도 단 하룻밤 사이에.

콘스탄티노플 사람들은 깜짝 놀랐다. 졸지에 육지와 바다 양쪽에서 포위를 당했기 때문이다. 그럼에도 그들은 결코 호락호락하지 않았다. 15만 명의 오스만투르크 군대를 맞아 8,000명의 콘스탄티노플 병사들은 한 발도 물러서지 않고 성을 지켜냈다. 메흐메트 2세는 왕의 친위대까지 투입하는 총공세를 펼쳤지만 3중벽 중 마지막 벽을 무너뜨리지 못했다. 그러자 메흐메트 2세도 점점 지치기 시작했다. 병사들도 점차 전의를 상실해갔다.

이때 놀라운 일이 벌어졌다. 두 번째 벽과 내벽 사이의 공간을 왔다 갔다 하던 오스만투르크 병사가 우연히 성안으로 통하는 아주 작은 문을 발견한 것이다. '케르카포르타'라 불렸던 이 문은 성의 대문들이 잠겨 있을 경우 보행자들이 드나들 수 있도록 만들어놓은 것이었다. 그런데 누군가의 실수로 그 문이 열려 있었던 것이다.

오스만투르크 병사들은 그 문을 통해 성안으로 살며시 들어갔다. 그리고 동로마 제국 병사들 뒤에서 큰소리로 이렇게 외쳤다.

"도시가 함락되었다!"

이 짧은 한마디는 그동안 어떤 공격에도 잘 버텨왔던 동로마 제국 병사들의 저항 의지를 한순간에 꺾어놓았다. 그렇게 해서 1000년 고도 콘스탄티노플은 허무하게 무너지고 말았다. 아주 우연한 순간 결정적인 틈새를 발견하게 되었던 것을 보면 콘스탄티노플 전투에서 운은 메흐메트 2세의 편이었는지도 모른다.

將必擇其福厚者

장 필 택 기 복 후 자

장수는 반드시 복이 많은 사람을 택해야 한다.

— 죽간(竹簡)

1972년 중국 산동성에서 발굴된 《손자병법》 죽간에 나와 있는 말이다. 장수에는 지장智將, 덕장德將, 용장勇將 등 여러 가지 유형이 있다. 지장은 '지혜로운 장수', 덕장은 '덕이 있는 장수', 용장은 '용기 있는 장수'를 말한다. 그런데 이런 말이 있다. '용장은 지장만 못하고, 지장은 덕장만 못하다. 그런데 덕장은 또 복장福將만 못하다.' 그러니 가장 좋은 장수는 복이 있는 장수라는 얘기다.

전쟁은 세상 일들 중에서도 가장 불확실하고 예측하기 힘든 일 중하나다. 아무리 전략을 기가 막히게 잘 짠다 해도 어느 한 순간 잘못되면 엉뚱한 방향으로 빠질 수도 있다. 그래서 '전략은 첫 한 방의 총소리에 날아간다'는 말이 있는 것이다. 그런가 하면 도저히 깨뜨릴 수 없을 것 같았던 성벽이 우연한 순간 틈을 보이며 무너져내릴 수도 있다. 이렇듯 불확실하고 불안한 상황에서는 다른 어떤 장수보다도 복 있는 장수, 즉 복장 또는 운장運將이 제일인 것이다.

전사를 연구하다 보면 확실히 운이 좋은 사람들을 발견할 수 있다. 그들은 이기기 어려운 여건 하에서도 승리했다. 반면 운이 따르지 않았던 사람들은 최고의 무기와 병력을 갖고도 졌다. 확실히 전쟁에는 운에 의해 승부가 좌우되는 경우가 있는 듯 보인다. 그래서 예전 독일 군대나 일본 군대에서는 중요한 임무를 맡길 때 그 사람이 평소에 얼마나 운이 따랐는가를 보기도 했다.

어떻게 미래를 보느냐가 현실을 지배한다

심리학자 리처드 와이즈먼Richard Wiseman은 과연 행운이라는 것이 존재하는 것일까에 대해 관심을 가졌다. 그래서 남다르게 운이 좋았다고 하는 사람들과 하는 일마다 운이 나빴다고 하는 사람들 수백 명을 대상으로 8년 동안 실험과 인터뷰를 하여 행운의 실체가 무엇인지 연구한 결과를 발표한 바 있다.

그는 '태어날 때부터 행운아인 사람은 없다'고 밝혔다. 대신 행운이 따른다고 하는 사람들과 그렇지 않다고 여기는 사람들은 네 가지 삶의 기본 방식에서 차이를 보이는데 그 차이가 무의식적으로 행운을 만들어낸다고 결론 내렸다.

네 가지 삶의 기본 방식 중 하나는 '미래를 어떤 시각으로 보느냐'이다. 행운이 따른다고 하는 사람들은 자신의 미래에 대해 낙관주의적인 관점을 가지는 데 반해, 행운이 따르지 않는다고 생각하는 사람들은 비관적인 관점을 갖고 있더라는 것이다. 미래를 낙관적으로 보는 사람들은 어려운 일이 닥치더라도 곧 성공이 다가올 것이라 확신하기 때문에, 쉽게 좌절하지 않고 결국 행운을 차지하게 된다. 하지만 비관적인 시각을 가진 사람들은 어려운 일이 닥치면 이번에도 실패할 게 뻔하다고 생각하여 노력을 기울여보지도 않고 쉽게 포기해버리기 때문에 결국 실패하게 된다는 것이다.

성공은 사람이 가지고 태어나는 것에 노력이 더해지고, 거기에 어느 정도 운이 따라주었을 때 얻어지는 것이다. 그런데 이 중 '타고나는 것'이나 '운'은 사람이 어찌할 수 없는 것이다. 우리가 주도적으로 할 수 있는 것은 '노력'뿐이다. 비록 갖고 태어난 재주나 여건이 좋지 않고, 운도 잘 따르지 않는다 할지라도 열심히 노력하면 원하는 바를 성취할수 있다는 말이다.

자, 이제 스스로에게 물어보자. 나는 운이 있는 사람인가? 아니면 운이 없는 사람인가? 아니, 이렇게 물어보자. 나는 운을 기다리는 사람인가? 아니면 운을 만들어가는 사람인가?

사람을 뽑는
다섯 가지 기준

　'인사人事가 만사萬事다'라는 말이 있다. 꼭 필요한 능력과 자질을 갖춘 사람을 뽑아, 그 사람에게 뜻을 펼칠 수 있는 자리를 맡기는 것이 모든 일의 성패를 좌우할 만큼 중요하다는 뜻이다. 하지만 좋은 사람을 뽑아, 적합한 자리에 배치하는 게 결코 말처럼 쉬운 일이 아니다. 그러다 보니 사람을 잘못 뽑아 일을 망치는 경우를 종종 보게 된다. 특히 리더를 잘못 세우는 경우, 얼마나 일을 그르칠 수 있는가를 뼈에 사무치게 보여주는 예가 있다. 바로 쌍령雙嶺 전투다. 병자호란 때 있었던 쌍령 전투는 일반인들에게는 잘 알려져 있지 않지만, 사실 우리 민족사에서 가장 치욕스러운 전투이다.

인조 14년(1636년) 12월, 청나라가 대군을 이끌고 두 번째로 조선을 침공했다. 기병을 보유한 적의 빠른 진격 속도에 미처 달아나지 못한 인조는 남한산성에 갇혀 구원을 기다리는 신세가 되었다. 그러자 인조를 구원하기 위해 4만 명(숫자에 대해서는 여러 설이 있다)에 달하는 조선 군이 북상했다. 지휘관은 경상좌병사 허완과 경상우병사 민영이었다. 조선 군은 임진왜란 당시 사용하던 것보다 훨씬 개량된 조총으로 무장하고 있었다.

1637년 1월 3일, 오늘날 경기도 광주시 초월읍 대쌍령리 일대에서 이들은 청나라군과 마주쳤다. 그런데 청나라군은 불과 기병 300여 기(혹은 더 많은 수)뿐이었다. 조총수 4만 명 대 기병 300여 명의 대결. 언뜻 보기에 이미 이긴 것 같아 보였다. 조선 군은 2만 명씩 둘로 나뉘어 민영은 오른편 산등성이에, 허완은 왼편 낮은 곳에 진을 치고 목책을 둘렀다.

그런데 조선 군이 진을 치고 나니, 오히려 청나라 군사들이 먼저 공격해왔다. 상대적으로 높은 곳에 있었던 청나라 군사들이 낮은 곳에 있던 조선 군을 내리 덮친 것이었다. 조선 군은 너무나 당황했다. 원래 조총을 쏘아 적을 맞히려면, 사거리를 감안해 적이 충분히 근접한 뒤에 사격을 해야 한다. 하지만 밀려오는 청나라 군사들을 보고 너무 놀란 조선 군들은 적을 보자마자 마구 총을 쏘아대기 시작했다.

설상가상으로 화약 배분을 잘 하지 못해 화약은 금방 동이 나고 말았다. 선봉 33명의 조선 군이 화약을 모두 써버린 것이었다. 화약이 없으니 막대기나 다름 없게 된 조총을 들고 조선 병사들은 우왕좌왕했다. 그런 조선 군의 머리 위로 청나라 기병들이 날아올랐다. 큰 혼란에 빠진 조선 군들은 정신없이 도망쳤다. 조금이라도 먼저 달아나겠다고 서두르다 서로 밀고 넘어뜨리는 바람에 4만 명의 병사 중 절반이 넘는 수의 군사들이 청나라 기병의 칼이 아닌 아군의 몸과 발에 깔리고 밟혀 죽었다.

《병자남한일기》는 당시의 상황을 '도망가다 계곡에 사람이 쓰러져서, 쌓이면서 깔려 죽었는데 시체가 구릉처럼 쌓였다'고 묘사하고 있다. 사상 초유의 압사 사고였다. 이 과정에서 경상좌병사 허완도 깔렸다. 남한산성에 갇힌 인조를 구하러 왔던 그가 허망하게 전사한 것이다.

반면 오른편 산등성이에 있던 경상우병군 진영에서는 화약을 나눠주다 불똥이 떨어지는 바람에 대폭발이 일어나 장수 2명이 죽고 진영이 크게 동요되었다. 청나라 기병들은 이때다 하며 덮쳤고, 이 과정에서 경상우병사 민영이 전사했다.

청나라 기병이 300여 명이었고 조선 군이 4만 명이었으니, 결과적으로 청나라 기병 한 명이 133명의 조선 군을 상대로 완벽한 승리를 거둔 셈이다. 조선 군의 패인은 화약이 떨어졌다는 것이 아니었다. 훈련도 제대로 받지 못한 조선 군들은 오합지졸이나 마찬가지였고, 이미 며칠 동안 제대로 먹지 못해 허기진 상태였다.

가장 큰 문제는 장수들에게 있었다. 전략적 안목을 갖지 못했던 그들은 지형을 적절히 이용하지 못하고 군사들을 밀집 대형으로 배치하기도 했다. 더구나 패닉panic 상태가 된 군사들을 효과적으로 통제하지 못했다. 다시 말해 리더였던 허완이나 민영에게 총체적 리더십이 없어서 벌어진 결과라는 의미다.

사실 이들은 제대로 된 선발 과정을 거쳐 임용된 장수가 아니었다. 그들에게는 풍부한 실전 경험 같은 것도 없었다. 그동안 특별한 능력이 없어 변방을 돌다가 인조반정에 편승해, 이른바 낙하산 인사로 장수가 된 사람들이었다. 때문에 자질 면에서 많이 부족했다.

쌍령 전투는 이처럼 무능한 인물이 중책에 임명되면 얼마나 끔찍한 결과를 낳는지 보여주는 대표적 사례이다. 그렇다면 사람을 뽑을 때 무엇을 기준으로 해야 할까? 손자는 시계始計 제1편에서 장將에 대해 다루면서 리더가 가져야 할 덕목에 대해 이야기했다.

智 信 仁 勇 嚴
지 신 인 용 엄

지혜 신뢰 사랑 용기 엄격

—시계(始計) 제1편

손자는 이렇게 리더가 가져야 할 다섯 가지 자질로 지智, 신信, 인仁, 용勇, 엄嚴을 꼽았다. 이를 오덕五德이라 부른다. 리더를 뽑을 때는 이 오덕을 잘 갖춘 사람을 뽑아야 한다. 또한 현재 리더의 자리에 있는 사람은 스스로를 점검해 부족한 부분은 채워야 할 것이다. 그러면 오덕이 무엇인지 자세히 알아보자.

제일 먼저 지智는 '사물의 실상實相을 관조觀照해 미혹을 끊고 정각正覺을 얻는 힘'이라 풀 수 있다. 즉 지식을 넘어선 지혜로, 나아갈 방향을 정해주는 배의 방향키와 같다. 만약 리더에게 지가 부족하면 그가 이끄는 조직은 엉뚱한 방향으로 나아가, 자칫하면 암초에 걸리거나 낭떠러지에 떨어질 수도 있다. 그래서 가장 먼저 꼽는 것이다. 쌍령 전투의 장수들에게 가장 부족한 것 또한 지였다. 전장의 지형이나 적의 전력은 물론이고, 우세한 병기인 화약의 사용에 대한 지식조차 갖고 있지 못했다.

두 번째 자질은 신이다. 신은 신뢰와 믿음을 말한다. 리더가 사람들에게 신뢰와 믿음을 주는 방법에는 크게 세 가지가 있다. 첫째, 솔선수범率先垂範이다. 둘째, 언행일치言行一致다. 신信이라는 글자는 사람[人]과 말[言]을 뜻하는 한자의 결합으로 이루어져 있다. 이는 사람이 한 말은 반드시 지켜져야 한다는 의미다. 셋째, 신상필벌信賞必罰이다. 리더는 상벌의 원칙을 잘 지켜야 한다. 친하다고 상을 주거나, 귀하다고 벌을 생략하지 않아야 한다.

세 번째 자질은 인이다. 인은 자비로움이다. 즉 부하를 아끼는 마음이다. 아랫사람들의 배고픔과 목마름을 알고 그들과 노고를 같이 하는 것이다.

네 번째 자질인 용은 용기를 말한다. 기회를 보면 즉시 행하고, 적을 만나면 즉시 싸우는 것이 곧 용이다.

다섯 번째 자질은 엄이다. 이는 엄격함을 말한다. 조직을 다스림에 있어 정돈돼 있어야 하고, 호령이 일사불란해 하나같이 행동하게 해야 하는 것이다. 쌍령 전투의 장수였던 민영과 허완은 훈련을 받지도 못한 사람들이었고, 휘하의 군사들에 대한 훈련도 제대로 시키지 못한 리더였다.

인사가 만사다

세상에서 가장 어려운 일 중 하나는 '제대로' 된 사람을 뽑아 '제대로' 쓰는 것이다. 그런데 제대로 된 사람을 '뽑는' 일이 쉽지 않다. 손자가 제시한 오덕의 기준을 쓴다 해도, 그것을 가진 사람인지 판단하기까지는 많은 공이 들어가야 한다. 하지만 그것이 잘못되어 입게 될 손해에 비하면 훨씬 적은 것일지도 모른다.

이런 면에서 볼 때 GE의 인재 채용 시스템은 눈여겨볼 만하다. GE는 인재를 뽑을 때 직속 상사나 인사 책임자와의 인터뷰로 끝내지 않고, 몇 단계 위의 상사뿐 아니라 관련된 다른 업무의 임원들과도 인터뷰를 진행한다. 이렇게 하여 특정 면접관의 개인 성향이나 잘못된 판단에 의해 채용이 결정될 가능성을 최대한 배제하는 것이다. 그러다 보면 채용을 위한 시간이 길어진다. 하지만 이러한 방식은 GE가 바라는 최고의 인재를 뽑는 데 매우 효과적인 시스템이다.

사실 잭 웰치Jack Welch도 처음에는 외모와 말 솜씨에 혹하여 사람을 뽑거나, 언어 능력을 채용 기준으로 삼거나, 또는 학벌을 능력과 동일시하여 사람을 뽑았다가 실패한 경험이 있었다고 한다. 그런 쓰라린 경험을 겪은 후에야 현재의 인재 채용 방식이 자리를 잡은 것이다.

잭 웰치는 '꽃이 하늘을 향해 무럭무럭 자라도록 물과 비료를 주는 것처럼, 우수한 인재를 발굴하여 그들이 능력을 발휘하도록 도와주는 것이 경영자의 역할'이라고 한다. 그의 관점이 바뀌게 되면서 인재 관리human resource management라는 용어 또한, 인재 개발human resource development이라는 용어로 바뀌었다. 좋은 사람을 뽑아, 잘 훈련시켜 회사에 기여하는 사람을 만드는 것이야말로 일을 성공으로 이끌고 조직을 현명하게 운영하는 기반이 되기 때문이다.

人　　生　　兵　　法

"그러므로 그 싸움에 이김이 어긋나지 않으니, 어긋나지 않는다는 것은 그 조치한 바가 반드시 이기는 데에 있기 때문에 이미 패한 적에게 이기는 셈이다其戰勝不忒 不忒者 其所措勝 勝已敗者也." 즉 이기는 군대는 싸움에 나서기 전에 수적인 전력과 화력, 그리고 전략을 모두 살펴 이길 수 있도록 조치를 취한 후에 싸운다는 말이다. 그렇게 되면 이미 패한 것이나 다름없는 적과 싸우게 된다. 이렇게 '이길 만한' 전쟁을 하니 '쉽게 이기는' 것이다. 손자는 또한 군형軍形 제4편에서 '이기는 군대는 먼저 이겨 놓고 싸우고勝兵先勝而後求戰, 패하는 군대는 덮어놓고 싸운 후에 승리를 구한다敗兵先戰而後求勝'고 하기도 했다. 평범한 장수의 전쟁은 서로 맞붙을 때 비로소 시작되지만, 명장의 전쟁은 시작하기 전에 이미 결판이 난다는 것을 뜻하는 말이다. 즉 확실하게 이길 수 있도록 준비를 한 상태에서 전쟁을 한다는 얘기다. 그러니 그 싸움은 쉬울 수밖에 없다. 그래서 예로부터 잘 싸웠던 명장들은 질 수밖에 없는 적과 싸웠고, 이미 이긴 전쟁을 확인하며 싸웠던 것이다.

2장

상처 없는
온전한 승리를 위하여

가장 좋은 승리는
싸우지 않는 것

"와, 부전승이다!"

동네 조기 축구 대전표를 짜던 아저씨들 사이에서 이런 함성이 터져 나온다. 목소리 톤을 보니 평소 레프트 윙만 고집하는 치킨 집 아저씨다. 이처럼 '부전승不戰勝'이란 말은 우리 일상에서 흔히 들을 수 있는 말이다. 대개는 시합을 할 때 경기를 치르지 않고도 승리한 것과 같은 결과를 얻게 되는 운 좋은 경우를 가리킬 때 쓴다. 사전에서 찾아보면 '추첨이나 상대편의 기권 등으로 경기를 치르지 않고 이김'이라고 나와 있다. 그런데 이 말은 맞기도 하지만 그릇된 표현이기도 하다.

상처 없는 온전한 승리를 위하여

우선 '경기'라는 말로 한정을 해서는 안 된다. 동네 축구와 같은 경기뿐 아니라 치열한 전투나 여러 가지 경쟁까지 포함되어야 하기 때문이다. 또한 부전승은 행운에 의해 거저 얻어지지 않는다. '싸우지 않고 이기기' 위해서는 치열한 전투를 벌일 때보다도 더 뛰어난 지략을 발휘해야 하기 때문이다.

부전승의 진정한 의미를 알게 된다면 험한 경쟁 사회를 살아가는 데 많은 도움이 될 것이다.

'부전승'을 많이 거둔 인물을 역사 속에서 꼽으라면 한나라의 유방을 도와 천하를 도모했던 한신韓信 장군을 들 수 있다. 한신은 초나라와 위나라를 차례로 격파한 후, 불과 1만 명의 군사로 20만 대군의 조나라와 맞붙어 그 유명한 배수진背水陣 전략으로 격파했다.

그의 다음 목표는 연나라와 제나라였다. 한신에게 새로운 전략이 필요한 때였다. 한신은 조나라의 패장敗將 이좌거李左車를 극진히 대접하면서 그에게 다음 전쟁에서 이길 방법에 대해 한 수 가르쳐줄 것을 요청했다.

이좌거는 전쟁을 즉시 중단하고 조나라의 백성들을 배불리 먹이며 위로하라고 조언했다. 그렇게 되면 한신의 은덕에 대한 소문이 사방에 퍼질 것인데, 바로 그때 말 잘하는 사람을 연나라에 보내 한신이 이끄는 군대의 무용을 자랑하여 겁을 주라는 것이었다.

한신이 이좌거의 말대로 따르자 연나라는 지레 겁을 먹고 손을 들어버렸다.

이것이 바로 싸우지 않고도 목적을 달성한, 진정한 부전승이다.

다음 목표는 제나라였다. 그런데 제나라는 만만한 상대가 아니었다. 병법의 시조라 불리는 강태공이 봉읍을 받아 세운 나라로, 자연 조건도 좋아 굉장히 부유했다. 《삼국지》에 나오는 원소의 근거지이기도 했고, 칭기즈칸이 호라즘을 공략할 때에도 가장 중요시했을 정도의 군사적 요충지이자 식량 창고이기도 했다. 무엇보다 난감한 문제는 제나라에는 70개의 요새와 같은 성이 있다는 점이었다. 무력으로 공격해서는 많은 피해를 보게 될 것이 뻔했다.

그런데 이렇게 강한 제나라를 공략하는 방법에서는 유방劉邦이 앞섰다. 그는 말 잘하는 사신 한 명의 세 치 혀를 이용해 단 한 차례의 싸움도 하지 않고 70개의 성을 접수해버렸다.

한신보다 정치적 감각이 뛰어났던 유방은, 한신의 소문을 이용했다. 한신에 대한 소문은 이미 제나라에도 파다하게 퍼져 있었던 것이다.

그래서 유방은 사신을 보내 제나라에 엄포를 놓았다.

"유방의 부하 한신이 곧 제나라를 정복하러 올 것이다. 그러니 먼저 항복하라. 그러하면 제나라는 보존될 수 있을 것이다."

그러자 잔뜩 겁을 먹은 제나라는 곧바로 '아이고, 항복이요!' 하며 두 손을 들었다. 이것이 바로 유방의 한 차원 높은 부전승이다.

百戰百勝 非善之善者也
백 전 백 승 비 선 지 선 자 야

不戰而屈人之兵 善之善者也
부 전 이 굴 인 지 병 선 지 선 자 야

백 번 싸워 백 번 이기는 것은 가장 좋은 것이 아니다.
싸우지 않고 사람을 굴복시키는 것이 가장 좋은 것이다.

— 모공(謀攻) 제3편

《손자병법》모공謀攻 제3편에서는 백 번 싸워서 백 번을 다 이긴다 하더라도 그것이 그리 좋기만 한 것은 아니라는 얘기가 나온다. 물론 싸움에서 진 상대방의 손해가 더 크긴 하겠지만, 자신도 싸우는 과정에서 깨질 수 있기 때문이다. 어찌 됐든 내가 다치고 손해를 입는다는 건 좋지 않다. 싸우지 않고 이기는 것이야말로 진짜 좋은 방법이란 것이다. 여기서 그 유명한 '부전승'이란 말이 나왔다.

그런데 분명히 해두어야 할 것은 《손자병법》에는 정확하게 부전승이라고 언급된 말이 없다는 점이다. '부전이굴인지병不戰而屈人之兵'의 부전不戰과 '백전백승百戰百勝'의 승勝을 조합해, 사람들이 부전승이라는 신조어를 만들어낸 것이다. 오늘날 중국어 사전에는 이 말이 '부전이승不戰而勝'이라 명시돼 있다.

싸우지 않고 이기는 부전승을 달성하는 것은 정말 좋은 일이다. 그런데 그게 생각만큼 쉽지는 않다. 부전승을 이루려면 상대방이 저절로 굴복할 정도의 강력한 힘을 가져야 하기 때문이다. 힘이란 완력이나 권력, 금력, 영향력 등을 포괄한다. 그런데 이러한 강력한 힘을 가진다는 것이 현실적으로 쉬운 일은 아니다. 그렇다면 현실적으로 누구나 발휘할 수 있는 힘은 없을까? 가장 좋은 것은 '감동'이라는 무기가 아닐까 싶다. 감동은 인간의 내면 가장 깊은 곳을 두드리는 것이다. 사람을 저절로 움직이게 하는 데 감동만큼 강력한 것은 없다.

꾸준하게 모든 정성을 다하라

신입사원 박종태 씨는 요즘 출근할 때마다 마음이 편치 않다. 왜냐하면 그보다 조금 일찍 입사한 사원 홍우진 씨가 이유없이 까칠하게 굴기 때문이다. 상사도 아니면서 조금 일찍 입사했다는 이유로 텃세를 부리는 것인지, 내년 승진 대상 라이벌이라 의식해서인지는 몰라도 별일 아닌 것을 가지고도 자주 언짢은 기색을 내비치곤 했다.

어떻게든 이 불편한 관계를 정리해야 할 텐데 어떻게 할까? 옥상에 데려가서 계급장 떼놓고 사내 대 사내로 한 판 붙어볼까? 아니, 그러면 나도 다칠 테고 소문도 나빠질 텐데…….

몸도 마음도 다치지 않고 홍우진 씨의 텃세를 꺾을 방법은 없는 걸까? 밤새 고민하던 그는 다음날 아침 출근하자마자 커피를 뽑아 들고 홍우진 씨에게 다가갔다.

"제가 잘 몰라 그러니, 홍우진 씨가 잘 좀 가르쳐주세요."

넉살 좋게 들러붙어 보았지만, 홍우진 씨는 어색해하며 쉽게 마음의 문을 열지 않았다. 그럼에도 박종태 씨의 모닝 커피는 계속 이어졌다. 하루, 이틀, 사흘…… 며칠이 지나자 결국 홍우진 씨도 두 손 들었다는 듯이 웃으며 반기게 되었다.

"아휴, 이번에는 제가 한 잔 대접하려 했는데……. 언제 제가 밥 한 번 쏘죠!"

어떤가? 꾸준한 정성이 감동을 만들었고, 이로써 적개심조차 녹여 버릴 수 있었다. 완력이나 권력을 이용할 수도 있었지만, 그는 보다 강력한 무기를 이용한 셈이다.

진심을 담아 정성을 다하면 마음의 빗장이 아무리 단단하더라도 열리게 마련이다. 부전승의 전략에는 인내심이 필요하지만 그만한 가치가 있다. 그래서 최고의 경쟁은 경쟁을 뛰어넘는 것이고, 최고의 싸움은 싸움을 뛰어넘는 것이라고 하는 것이다.

새로운 발상이
스스로 승리를 만든다

'고르디온의 매듭Gordian knot'이라는 말이 있다. 소아시아에서 페르시아 군대를 물리친 알렉산더 대왕Alexander the Great은 고르디온이라는 마을에 들어섰다. 그곳에 있는 제우스 신전에는 매듭이 묶여 있었는데, 그것을 푸는 자가 아시아를 다스리게 될 것이라는 전설이 있었다. 이전까지 그 매듭을 푼 사람이 아무도 없었기에 사람들은 마을에 들어온 알렉산더 대왕이 매듭을 푸는지 보려고 모여들었다. 그런데 알렉산더는 차고 있던 칼을 뽑아 단숨에 그 매듭을 잘라버리고는 이렇게 말했다.

"보라, 나는 아시아뿐만 아니라 온 세계를 통치할 것이다!"

고르디온의 매듭에 대한 알렉산더의 에피소드에서 우리는 고정관념을 깨야 한다는 사실을 인지할 필요가 있다. 새로운 발상은 승리를 만들기 위해 요구되는 아주 중요한 요소이다. 알렉산더는 그의 전쟁을 통해 늘 새로운 발상으로 승리를 만들어 나갔다. 가우가멜라 전투는 대표적인 사례다.

가우가멜라 전투는 기원전 331년 10월 1일 페르시아 왕 다리우스 Darius 3세와 마케도니아의 알렉산더 대왕이 벌인 전투다. 다리우스 3세는 알렉산더의 페르시아 침입을 막기 위해 지금의 이라크에 있는 모술 근처 가우가멜라 평원에 진을 치고 알렉산더의 진격을 기다렸다. 페르시아 군의 경우 전차 200대, 경보병 6만 2,000명, 그리스 중장보병 2,000명, 기병 1만 2,000명, 전투 코끼리 15마리 등 10만 명 가까운 병력이었던 것으로 추산된다. 이에 맞서는 마케도니아 측은 경보병 9,000명, 중장보병 3만 1,000명, 기병 7,000명으로 수적으로는 훨씬 열세였으나, 장비와 훈련 정도는 페르시아를 압도했을 듯하다.

이 전투에서 알렉산더는 특이한 대형을 만들었는데 바로 옆으로 기울어진 사선 대형이었다. 오른편 병력을 강화하고 알렉산더가 직접 지휘했다. 알렉산더의 계획은 페르시아 군을 평지로 끌어내려 강화된 우익부로 페르시아 군의 중앙부 좌측을 돌파하는 것이었다. 반면 페르시아 군은 3.6km의 긴 전열로 알렉산더군을 포위할 계획을 세웠다.

가우가멜라에 도착한 양측의 군인은 3~4일간 탐색전을 벌였다.

전투 전날 밤, 알렉산더는 병사들에게 충분한 식량을 주며 쉬도록 하였다. 알렉산더에게 야간 기습을 건의하는 측근도 있었지만, 그는 '나는 승리를 도둑질하지 않는다'며 받아들이지 않았다.

다음 날 알렉산더는 적을 끌어들이기 위해 먼저 공격을 시작했다. 사선 대형으로 다가오는 알렉산더의 군사들을 맞아 다리우스 3세는 전차를 돌격시켰다. 하지만 마케도니아 군은 이미 전차 공격에 대비가 되어 있었다. 맹렬하게 밀려오는 상대 전차에 맞서 제1열이 비스듬히 물러나 틈을 열고 제2열이 전차를 에워싸는 전술을 구사했다. 결국 전차는 알렉산더의 창병에게 포위되어 수많은 기수가 찔려 죽었다.

페르시아 군은 압도적인 수를 이용해 마케도니아 군의 우측 날개 쪽으로 밀고 내려왔고 알렉산더는 천천히 제2선으로 밀리는 듯했다. 이때 막강한 밀집 대형의 중무장 기병인 컴패니언 기병대를 내보낼 수도 있었지만, 알렉산더는 보다 결정적인 공격 타이밍을 노렸다. 알렉산더는 부대의 전열을 커다란 쐐기 모양으로 편성했다. 뒤편에서는 중무장 보병인 팔랑크스 병사들이 바리케이드를 쳐 알렉산더가 자유롭게 전선을 떠나 진격할 수 있도록 만들었다. 그러자 알렉산더는 기병의 대부분을 이끌고 페르시아 군의 본진 앞으로 밀고 들어갔다. 다급해진 페르시아 군은 기병대로 알렉산더의 진군을 막으려 했다. 하지만 알렉산더는 다리우스 3세가 눈치 채지 못하게 페르시아 경보병 사이로 들어가 천천히 적의 본진을 압박했다.

상처 없는 온전한 승리를 위하여

드디어 기회가 왔다. 페르시아의 좌익과 다리우스 3세가 있는 본진 사이에 빈틈이 생긴 것이다. 알렉산더는 때를 놓치지 않고 창과 방패로 중무장한 기병대를 이끌고 진격했고 보병들이 그 뒤를 따랐다. 알렉산더의 쐐기형 돌파는 다리우스 3세의 부대를 양분시키는 결과를 가져왔다. 그러자 마케도니아 군은 전형적인 형태의 방진方陣을 이루어 돌파된 틈으로 돌진했다. 페르시아 군은 다시 마케도니아 군을 포위하기 위해 양 측방의 기병대로 좌우익 후방을 공격했으나, 이것을 예측했던 알렉산더는 예비대인 엄호 경보병과 기병으로 격퇴했다. 가우가멜라 전투는 위급한 상황을 위해 미리 준비한 예비대를 이용한 전례로서도 그 가치가 높다.

기세를 잡은 마케도니아 군의 맹렬한 공격 앞에 페르시아 군은 속절없이 무너졌다. 알렉산더는 해질 때까지 쉬지 않고 다리우스 3세를 추격했다. 그는 박트리아까지 쫓겨가서는 결국 부하 총독인 베수스에 의해 죽임을 당했다. 이 전투 후 페르시아 제국은 결국 무너지고 말았다.

勝可爲也

승 가 위 야

승리는 만들 수 있다.

— 허실(虛實) 제6편

승리는 만들 수 있다. 다만 여러 가지 복잡한 요인이 작용하여 잘 들어맞아야 만들 수 있다. 알렉산더는 승리에 대한 남다른 감각을 지니고 있었고, 그것으로 승리를 만들어 나갔다. 그가 승리를 만들어낸 과정들을 짚어보자.

첫째, 페르시아 군과 대치할 때는 적은 지치게 하면서 자신의 부대는 힘을 비축하는 전략을 사용했다.

둘째, 사선 대형이나 쐐기 대형, 그리고 예비대의 운용 등 이전의 누구도 시도하지 않았던 창의적 발상을 해냈다. 사선 대형은 훗날 프레드릭 대왕이 오스트리아 군을 상대한 로이텐 전투에서 승리할 때에 벤치마킹할 만큼 탁월한 전략이었다.

한편 쐐기형 돌파의 핵심은 지휘관의 위치인데, 가장 위험한 곳인 맨 앞에서 지휘관이 이끌어야 성공할 수 있는 전략이다. 알렉산더는 맨 앞에서 죽음을 무릅쓰고 대형을 이끌었다. 승리를 만들어간 과정 중 셋째는 바로 이 진두 지휘였다.

이처럼 승리는 거저 주어지는 게 아니다. 분명 만들 수 있는 것이며, 여러 노력들이 조화를 이루어야 비로소 만들수 있다. 그리고 이것에서 가장 중요한 요소는 그 무엇도 아닌 리더의 전략과 리더십이다.

알렉산더는 사람의 마음을 얻는 리더십을 발휘했다. 여러 문화를 수용하는 통합의 리더십을 발휘했다. 그는 지역과 인종을 구분하지 않고 사람을 품었다.

"나의 주장에 동조 못하는 것은 이해할 수 있다. 하지만 우월적 시각으로 다른 민족의 문화를 낮추어보는 것은 용납할 수 없다."

알렉산더는 자주 이렇게 말했다. 그는 칼이 아닌 인간과 문화를 이해하는 힘으로 세계를 정복한 영웅이 되고자 했다. 이런 화합의 리더십은 그의 전력을 강화시켜주었고, 싸울 때마다 조직원들의 마음을 하나로 묶는 긍정적 효과를 발휘했다.

내 일을 사랑하고 집중하라

손자는 승리를 만들 수 있다고 했다. 이 말에 근거하면 우리가 살아가는 인생길에서 우리가 원하는 성공도 만들 수 있다는 희망을 갖게 된다. 지능이 뛰어난 사람이라고 해서 꼭 성공한다는 보장이 있는가? 아니다. 오히려 지능이 뛰어난 사람 중에는 그 지능 때문에 자기 꾀에 걸려 넘어지는 경우도 많다. 그렇다면 부모의 후광이 성공에 도움이 될까? 이 또한 꼭 그렇다고 할 수는 없다. 미국에서 성공한 사람의 70% 가량은 자수성가형이라고 한다.

그렇다면 성공은 어떻게 해야 만들 수 있는 걸까? 성공학을 연구하는 수많은 학자들은 성공한 사람들의 공통점을 도출하여 성공의 비결을 찾아내려 노력해왔다. 어떤 이들은 그 비결로 성실성을 들며, 어떤 이들은 열정을 꼽기도 하며, 또는 긍정적인 생각이나 강력한 실천력이 비결이라고 말하는 사람들도 있다. 어떤 학자는 성공으로 가는 1%의 비밀은 계획이라고 말하며, 성공을 향한 계획을 세우는 것이 그 어떤 것보다 우선되어야 한다고 강조하기도 한다.

또 어떤 학자는 특이하게도 자가 발전 동력기라는 것을 말하기도 한다. 그 이론에 의하면 인간에게는 누구에게나 스스로 문제를 해결하고 성공으로 향하는 힘이 있어서, 비록 실패하여 쓰러지고 엎어지더라도 다시 일어서게끔 만든다는 것이다. 그러니 자기 자신에게 자가 발전 동력기가 있다는 사실을 늘 인식하고 긍정적인 마인드로 최선을 다해 노력하라는 것이다.

학자들의 여러 견해는 모두 각각 나름대로 일리가 있다. 그러나 성공하는 사람의 비결을 한마디로 단정한다는 건 사실상 불가능하다. 처해 있는 환경과 조건에 따라 결과가 달라질 수 있기 때문이다. 하지만 확실한 것은 성공은 만들 수 있는 것이기는 해도, 결코 운 좋게 주어지는 것은 아니라는 사실이다. 데일 카네기는 이렇게 말했다.

"자신이 하는 일을 재미없어 하는 사람치고 성공하는 사람을 못 봤다."

그의 말처럼 결국 성공이란 끊임없이 자신의 일에 집중하고 즐기고 노력하는 과정에서 만들어지는 것이 아닐까?

상황과 조건에
지배당하지 말라

"역사상 가장 위대한 전사들이 온다!"

아주 독특한 영상미로 관객들을 매료시켰던 영화 〈300〉의 광고 문구다. 이 영화는 기원전 480년, 300명에 불과한 스파르타 군이 페르시아 대군의 침공을 사흘이나 막아냈던 테르모필레 전투의 실제 이야기를 바탕으로 만들었다.

스파르타 국민들의 구성은 특이하다. 국민들 대부분은 전사들로, 농사나 산업에는 전혀 종사하지 않았다. 이들을 먹여 살린 것은 수십만 명의 헬로트, 즉 노예들이었다. 노예들에 비해 턱없이 수가 적었던 스파르타 인들은 노예를 다스리기 위해 전쟁 기술에 전념하지 않을 수 없었다. 그래서 이른바 스파르타식 훈련이라는 엄격한 전쟁 훈련 체계가 나온 것이다. 스파르타 인들의 정신 무장은 철저해서, 그들은 죽음보다 겁쟁이로 낙인찍히는 것을 더 두려워했다. 특히 이들은 활을 겁쟁이들의 무기라 하여 아주 멸시했다.

마라톤 전투에서 패한 10년 후 페르시아의 크세르크세스는 거대한 육해군을 거느리고 그리스 전체를 정복하러 나섰다. 침공했던 페르시아 군의 규모는 전통적으로는 100만 명이라 말하고 있지만 실제로는 20만여 명이었을 것으로 추정된다. 그리스 연합군의 아테네 장군 테미스토클레스는 테르모필레 고개에서 페르시아 육군의 진입을 막고, 아르테미시온 해협에서 페르시아 함대를 막자고 스파르타에 제안했다.

테르모필레에서 페르시아 군을 맞을 당시 스파르타의 왕은 레오니다스Leonidas였다. 나라를 떠나 먼 곳에 있는 테르모필레까지 원정을 나간다는 건 스파르타의 왕에게도 쉬운 일이 아니었다. 이때 레오니다스와 함께한 군사가 겨우 300명뿐이었던 이유도 자발적으로 나라 밖 먼 곳까지 갈 병사가 그리 많지 않기 때문이었다. 원정에 나서기 전 레오니다스 왕은 델포이의 신탁을 얻으러 갔다. 그런데 신녀는 왕에게 무시무시한 신탁을 내렸다.

"왕이 죽지 않으면 스파르타는 멸망할 것이다."

어쩌면 레오니다스는 이 신탁을 듣고 이미 죽음을 택했을지도 모른다. 자신의 죽음으로 조국이 구원될 수만 있다면……

페르시아 군이 아테네를 향해 기동할 수 있는 유일한 통로는 테르모필레를 통하는 일련의 험로였다. 여기서 결판을 내야 했다! 적은 병력으로 많은 병력을 막아낼 수 있는 유일한 방법은 이 좁은 목에서 막는 것뿐이었다. 스파르타 왕 레오니다스는 자신이 데리고 온 스파르타 인 300명을 포함한 그리스 동맹군 7,000명의 육군을 이끌고 테르모필레에 진을 쳤다. 그리고 그중 1,000명만을 마차 한 대가 겨우 지날 수 있는 정도의 테르모필레 길목에 배치했다.

테르모필레에 도착한 페르시아 왕 크세르크세스는 뜻밖의 적은 병력을 보고 스스로 물러나기를 바라며 3일을 기다렸다. 그러나 그들은 꿈쩍도 하지 않았다. 그러자 크세르크세스는 궁수들에게 활을 쏘도록 했다. 레오니다스의 한 척후병이 절망적인 보고를 했다.

"페르시아 군이 어찌나 많은지 그들이 쏘는 화살이 해를 가릴 지경입니다."

그러나 레오니다스는 호탕하게 받아넘겼다.

"좋아. 그러면 우리는 시원한 그늘 아래에서 싸울 수 있겠군!"

스파르타 식 교육에는 엄격한 군사 교육뿐 아니라 이렇게 절망적 순간에도 웃음을 잃지 않는 유머와 호방함까지 포함되어 있었다.

페르시아 군은 본격적인 공격을 시작했다. 그러나 좁은 길목을 빽빽이 막고 서 있던 스파르타 군을 뚫지 못했다. 오히려 스파르타 군이 장창의 방진을 펴고는, 마치 파리 잡듯이 페르시아 군을 죽여 넘겼다.

그런데 배신자가 있었다. 에피알데스라는 자가 크레르크세스에게 보상받으려는 욕심에, 스파르타 군의 뒤로 돌아갈 수 있는 비밀 통로를 안내했던 것이다. 역사가 헤로도투스에 의하면 이때 레오니다스 왕은 스파르타 정예군만 남기고 다른 그리스 동맹 군사들을 탈출시켰다고 한다. 만약 이 기록이 맞다면 마지막까지 남은 병사는 300명의 스파르타 인뿐이었다는 얘기가 된다. 그러나 스파르타 인들에게 후퇴란 없었다. 300명만 남은 레오니다스 왕의 스파르타 군은 끝까지 남아 절망적으로 버텼다. 칼과 창이 부러지자 나중에는 이빨과 손톱으로 싸웠다. 흡사 피에 주린 야수와도 같은 그들의 모습에 페르시아 군은 더 이상 접근하기를 두려워했다.

그래서 페르시아 군은 마지막 일격으로 화살을 비처럼 스파르타 인들에게 퍼부었다. 결국 레오니다스를 비롯한 300명의 용사들은 최후의 한 사람까지 조금도 굴하지 않고 싸우다 죽어갔다. 300명의 스파르타 용사와 레오니다스의 희생 덕분에, 아테네는 황금 같은 시간을 벌어 살라미스 해전에서 승리할 수 있었다.

이후 약 70년간 페르시아는 그리스를 넘보지 못했다. 서양의 엘리트들은 지금도 어릴 때부터 이런 스파르타의 엄격한 군사 교육과 레오니다스 왕의 희생 정신을 배우고 있다. 테르모필레 전투의 전사자들은 국민적 영웅이 되었다. 시인 시모니데스는 그들의 비문에 유명한 시를 바쳤다.

"지나가는 나그네여, 스파르타의 사람들에게 전해주시오. 당신의 법을 받들어 우리들, 여기 잠들었노라고."

敵雖衆 可使無鬪
적 수 중 가 사 무 투

비록 적이 많다 하더라도 가히 싸울 수 없게 만들 수 있다.

— 허실(虛實) 제6편

적이 아무리 많다 해도 그들이 한꺼번에 덤벼들지 못하게 할 수 있다면 그래도 싸워볼 만하다. 테르모필레 험로가 바로 그런 곳이었다. 거기에 스파르타의 용사들이 가졌던 것과 같은 결사 항전의 정신력이 뒷받침된다면 승리도 바라볼 수 있다.

또 《손자병법》 행군行軍 제9편에 보면 이를 뒤집은 얘기도 나온다.

"병사가 많다고 해서 이로운 것만은 아니다. 오직 그 병력을 믿고 제멋대로 나아가지 않고, 힘을 충분히 모으고, 적을 잘 살피고, 병사들의 마음을 똘똘 뭉치게 해야 한다兵非多益 惟無武進 足以幷力 料敵 取人而已."

사실 병력이 많으면 그들을 먹여 살릴 식량도 많이 필요하고 급료도 많이 지불해야 한다. 그러므로 잘 훈련된 적정 수의 병력이 가장 좋다.

실제로 적은 수의 병력으로 많은 수의 병력을 상대해서 이긴 예도 많다. 이순신 장군이 13척으로 133척을 상대했던 명량대첩, 권율 장군이 3,000명의 군사로 일본 군 3만 명을 상대했던 행주대첩, 포르투갈 함대 12척이 투르크-인도 연합 함대 300척을 상대했던 디우해전, 핀란드군 30만 명이 소련군 148만 명을 상대했던 겨울전쟁, 국군

35명이 중공군 800명을 상대했던 베티고지 전투, 국군 294명이 월맹군 2,000명을 상대했던 짜빈동 전투, 신라 군 3만 명이 당나라 군사 20만 명을 상대했던 매소성 전투, 프랑스 군 800명이 베트남 군 1만 2,000명을 상대했던 쟈딘 방어전, 주나라 군사 4만 6,000명이 은나라 군 70만 명을 상대했던 목야대전 등이 그 예이다.

불리할수록 내가 가진 강점에 집중하라

전쟁에서 사람이 많다고 해서 반드시 이기는 것이 아닌 것처럼, 사업에서도 돈을 많이 투자한다고 해서 반드시 성공하는 것은 아니다.

예컨대 아이디어 하나로 물량 공세를 따돌리고 성공을 거두는 일을 들 수 있다. 이제는 중견기업이 된 한 생활가전용품 회사는 창립자가 자신이 불편함을 느끼던 부분을 꼼꼼하게 기록해두었다가 그것을 아이디어로 하여 제품을 개발·판매하면서 시작되었다. 이 회사는 대기업이 거들떠보지 않던 분야에서 자신만의 성과를 거두고 있다. 시작할 때부터 많은 자본을 가지고, 대대적인 연구개발비를 쏟아부으며 이룬 성과가 아니라 오로지 아이디어 하나로 승부를 본 경우이다.

영화 산업에서도 이런 예는 쉽게 찾아볼 수 있다. 영화 제작에 들어가는 돈은 천문학적인 숫자여서 최근에는 100억 원을 넘게 들인

블록버스터들도 힘을 못 쓰는 경우가 흔하다. 그런데 이 사이에서도 작은 비용을 들여서 엄청난 성공을 거둔 예는 많다. 영화 〈달콤, 살벌한 연인〉은 순 제작비 9억 원으로 120억 원이라는 수익을 올려 13배 이상의 수익을 거뒀고, 〈워낭소리〉는 1억 원의 순 제작비를 들여 190억 원의 수익을 올려 190배의 수익을 남겼다. 독립 영화 〈원스〉도 1억 4,000만 원을 투자해서 90배의 수익을 거뒀다.

이런 영화들은 각각 독특한 스토리라인, 신선한 설정, 혹은 새로운 장르에의 진입이라는 자신만의 강점을 무기로 분투해 성공을 거둔 경우이다.

인생도 마찬가지다. 아무것도 할 수 없을 것 같은 절망적인 상황이라고 해도, 모든 조건과 상황이 내게 절대적으로 불리한 상황이라도, 포기하지 않고 내가 가진 강점을 무기로 '한 번 해보자'라는 마음을 먹는다면 결과는 아무도 예측할 수 없는 것이다. 숫자는, 조건은, 상황은 거기에 메이면 엄청난 영향을 미치는 요인이 되지만, 그것을 끊어내기로 마음먹는 순간 아무것도 아닌 것이 될 수도 있다. 어떤가? 그런 조건이 내 정신을 옭아매도록 가만 둘 것인가?

성공은 성공 위에
지어진다

어떻게 해야 현명하게 목표를 달성할 수 있을까? 처음부터 너무 큰 성공을 목표로 하다 보면 현실감 없는 목표에 주눅이 들어 제대로 시작도 못 해보고 포기하게 되는 경우가 많다. 그럴 때는 최종 목표로 가는 길 중간 중간에 달성 가능한 작은 목표 지점을 두는 방법이 있다. 작은 목표를 달성하여 성취감과 자신감을 얻은 후, 또 다른 작은 목표를 향해 가는 과정을 반복하다 보면 마침내는 큰 목표도 달성할 수 있다. 엘 알라메인 전투에서 몽고메리Bernard Law Montgomery 장군이 펼친 전략이 바로 이것이었다. 그는 작은 승리를 반복해서 결국에는 큰 승리를 낚아챘다.

엘 알라메인 전투는 제2차 세계대전 당시 사막의 생쥐라 불리는 몽고메리 장군이 사막의 여우라 불리는 롬멜Erwin Johannes Eugen Rommel 장군을 격파한 유명한 전투다. 1942년 6월 21일, 롬멜 장군의 독일 군은 영국 군의 토부룩 요새를 함락시키고, 6월30일에는 엘 알라메인까지 이르렀다. 수세에 몰린 영국은, 8월 13일 몽고메리 장군을 제8군 사령관으로 임명하고 일전을 준비했다.

몽고메리는 우선 부대의 상황을 진단해보았다. 당시 영국 군이 갖고 있던 가장 큰 문제는 패배 의식과 자신감 부족이었다. 그들은 롬멜이라는 독일 장군의 이름만 들어도 주눅이 들었다. 그래서 몽고메리는 병사들을 일일이 찾아다니면서 격려하고, 대화를 나누면서 사기를 높였다. 그런 다음 확실하게 이길 수 있는 작은 전투를 계획하고 실행에 옮겼다. 비록 작은 전투이긴 했지만 어쨌든 영국 군이 이겼다. 그러자 또 다시 작은 전투를 계획하고 실행에 옮겼다. 또 영국 군이 이겼다. 이런 과정이 몇 차례 반복되자 병사들은 점차 패배 의식에서 벗어나기 시작했다.

"롬멜 군도 별거 아니네!"

"우리도 롬멜 군을 깨뜨릴 수 있잖아!"

"어디 한 번 제대로 붙어볼까?"

자신감도 붙었다. 이제 그들은 더 이상 '롬멜'이란 이름에 기죽지 않았다. 오히려 얼른 한 판 붙어서 본때를 보여주고 싶어 근질거릴 정도가 되었다. 이때 롬멜이 병에 걸려 치료를 받으러 본국으로 가게 됐다. 후임으로는 아랫배가 처진 게오르크 시투메 대장이 부임했다.

몽고메리는 이때를 놓치지 않았다. 북쪽의 가장 강력한 진지를 주 공격 대상으로 정해 10월 23일 총공격을 개시했다. 엘 알라메인 전투는 밤 9시 30분 영국 군 폭격기의 공격으로부터 시작됐고, 곧이어 900문의 대포가 불을 뿜었다. 독일 방어 진지의 지뢰와 철조망 조각들은 공중으로 솟아올랐고, 포탄 폭풍에 병사들이 흔적도 없이 사라졌다. 게다가 독일군 사령관 시투메 대장이 전사하는 바람에 지휘 계통에 큰 혼란이 일어났다.

영국 군의 최대 위기는 10월 25일 밤에 찾아왔다. 엘 알라메인 전 지역이 거대한 살육장으로 변한 아비규환 속에서 영국 군 보병은 6,000명 이상이 전사하거나 중상을 입고 전차는 130대가 파괴됐다. 영국 군 참모장과 제10, 제30 군단장은 더 이상의 공격은 무리라며 철수할 것을 건의했다. 하지만 몽고메리는 단호했다.

"아직 사용 가능한 전차가 900대나 있다. 그것들은 소모품이다."

25일 독일 장군 롬멜은 완쾌되지 않은 몸을 이끌고 격전장으로 돌아왔다. 그러나 이미 전세는 기울었고 탄약과 전차 연료도 바닥난 상태였다. 롬멜은 예비로 남겨두었던 90경기갑사단을 투입하고, 방어선 남쪽의 제21기갑사단에게 북쪽으로 향할 것을 명령했다. 마지막 반격이었다. 하지만 연료가 없어서 더 이상의 전투는 불가능했다.

이를 간파한 몽고메리는 주 공격 지점을 독일군과 이탈리아군 경계선으로 이동시켰다. 그리고 엘 알라메인 최후의 격전이 벌어졌다. 곧

강철과 강철이 맞붙고, 피로 피를 씻어 내는 치열한 격전이 벌어졌다. 전투가 끝날 무렵 독일군의 전차는 30대 남짓으로 줄어 있었다. 독일 군의 사상자는 3만 3,000명, 기갑 전력과 포병은 90%가 괴멸된 상태 였다. 사막의 생쥐가 사막의 여우를 완벽하게 잡은 것이다.

勝敵而益强
승 적 이 익 강

싸워 이길수록 더욱 강해진다.
— 작전(作戰) 제2편

손자가 작전作戰 제2편에서 얘기한 이 말은 오늘날 우리가 받아들 이는 뜻과는 조금 거리가 있다. 본래의 의미는 '적과 싸워서 이기면 포로나 전차를 취할 수 있으며, 이것들을 내 편으로 만들어 다시 사 용할 수 있으니 더 강해질 수 있다'는 뜻이었다. 경쟁을 할 때 이러한 전략은 매우 유용한 말이다.

하지만 우리는 이제 '승적이익강勝敵而益强'의 또 다른 의미에 주목해 야 한다. '싸워 이길수록 더 강해진다'는 말은 '승리를 반복하면 자신 감을 얻어 점점 더 강해진다'고도 해석할 수 있다. 몽고메리가 엘 알 라메인 전투를 벌이기 전에, 승산이 높은 작은 전투를 벌여 영국 군 에게 승리의 경험을 안겨준 이유가 바로 그것이었다. 그 경험으로 영 국 군이 가지고 있던 패배 의식을 지우고, 대신 자신감을 채워주었다.

자신감을 가지면 이전에는 도저히 상대가 안 될 것 같아 보이던 상대를 만나도 '해볼 만하다'며 도전할 수 있다. 그렇게 작은 승리에서 얻은 힘으로 결국 큰 승리를 얻게 되는 것이다.

작은 성공을 반복하라

한 마라톤 선수가 있었다. 그는 출전할 때마다 우승을 했다. 사람들이 몰려와서 물었다.

"어떻게 매번 우승할 수 있죠? 특별한 비결이 있습니까?"

금메달을 목에 건 그가 빙긋이 웃으며 대답했다.

"예, 아주 간단한 비결이 있습니다. 저는 결승점까지의 거리를 몇 단계로 끊어서 뜁니다. 첫 단계의 끝 지점에서 저는 자신에게 말합니다. '됐어, 성공했어! 자, 다음 단계로 넘어가는 거야!' 이런 식으로 한 단계씩 성공해가면 마침내 결승점까지 지치지 않고 갈 수 있습니다."

참으로 지혜로운 방법이 아닌가? '승리가 승리를 가져오고 성공은 성공 위에 지어진다'라는 말이 있다.

이는 우리의 생활 전반에 두루 적용된다. 회사의 경우, 직원들이 신나게 일할 수 있게 만들 때 승적이익강의 원리가 적용된다. 우선 직원들에게 작은 목표를 제시해서 달성하게 만드는 것이다. 예를 들어 이번 달 매출 목표를 2,000만 원으로 잡는 것이다. 다들 '할 수 있겠군……' 하면서 열심히 할 것이다. 목표가 달성된다. 작지만 성취감이 생긴다. 그러면 다음 달의 목표를 2,500만 원으로 잡는다. 목표치가 부담스럽지 않을 정도로 높아지면 그것이 동기가 되어 역시 쉽게 달성할 것이다. 이렇게 성취 가능한 작은 성공을 반복하다 보면 자신감이 붙어, 결국에는 높은 목표까지 달성할 수 있다.

처음부터 큰 것을 잡으려 한다면 중간에 포기하기 십상이지만, 작은 성공을 반복하다 보면 스스로 그 경험과 성취감을 무기 삼아 반드시 큰 목표를 달성할 수 있다.

단, 처음에는 작은 성공을 반복하되 최종 목표만큼은 크게 잡는 것이 좋다. 이에 대해서는 록펠러의 말에 귀를 기울일 필요가 있다.

"목표를 높은 곳에 두어야 한다. 똑같은 노력이라 해도 목표를 크게 가진 사람에게는 큰 곳을 향한 노력이 되고, 먹고 사는 일에 급급한 목표를 세운 사람에게는 작은 노력이 되고 만다. 스스로 못할 것이라고 생각하는 것은 자신을 속이는 가장 큰 거짓말임을 명심하라."

이제 큰 목표를 세우되 작은 성공을 반복하는 현명한 전략으로 실천해보자.

잘 싸우는 자는
적을 헷갈리게 만든다

"타라, 고향! 난 고향으로 갈 거야! 그이를 찾을 방법을 생각해볼 거야. 결국…… 내일은 또 다시 내일의 태양이 뜰 테니까After all, tomorrow is another day!"

영화 〈바람과 함께 사라지다〉의 마지막 장면에 나오는 대사다. 〈바람과 함께 사라지다〉는 미국의 남북전쟁을 배경으로 하고 있다. 불타는 아틀랜타의 거리에서 마차를 몰고 거칠게 달리는 주인공 레트의 모습은 인상적이다. 그때 아틀랜타의 화재는 남군이 퇴각하면서 북군에게 물자를 남겨주지 않기 위해 고의적으로 일으킨 것이었다. 이 전쟁에서 북군의 셔먼 장군William Tecumseh Sherman이 행했던 '바다로의 행군'은 전략의 위력을 잘 보여준다.

남군과 북군 간에 일진일퇴를 거듭하던 남북전쟁의 분수령이 된 것은 1863년 7월 1일부터 사흘 동안 벌어진 게티즈버그 전투였다. 이 전투에서 로버트 리 장군의 남부 동맹군은 전 병력의 3분의 1을 잃는 큰 손실을 입은 채 버지니아로 후퇴했다. 반면 율리시스 그랜트 장군이 이끄는 북부 연방군은 미시시피 주의 빅스버그를 점령했다. 미시시피 강이 북군의 손에 넘어갔다는 것은 남부 연방 전체가 두 동강 날 위기에 처했다는 것을 의미했다.

이듬해 봄이 되자 유리한 전세를 장악한 북군은 남군에 대한 총공세를 시작했다. 북군의 링컨 대통령은 미시시피 집단군 사령관에 셔먼 장군을 임명했다. 그는 골초에다 성미가 급하고 말이 많았지만 직관력이 뛰어난 사람이었다.

셔먼은 우선 아틀랜타를 목표로 삼고 진군했다. 하지만 직접 시가지를 공격하지 않고 포위 작전을 펼쳐, 약 한 달 반을 기다린 끝에 1864년 9월 2일 결국 남군의 항복을 받아냈다. 당시 아틀랜타는 남부 산업과 군수품 조달의 중심지이자 철도 수송의 요충지였다. 그렇기 때문에 시가지를 직접 공격하면 많은 피해가 따를 것을 염려하여 선택한 전략이었다. 그런데 남군은 후퇴하면서 북군에게 보급품을 남기지 않기 위해 아틀랜타에 화재를 일으켜 도시의 90% 이상을 파괴했다.

아틀랜타를 떠난 6만 명의 셔먼 군은 동부의 대서양 해안을 향한,

이른바 바다로의 행군을 시작했다. 그리고 지나는 곳에서 마주치는 철도나 공장, 창고들을 모두 파괴했다. 살아 있는 것, 쓸 만한 것은 모조리 파괴했기에 그들이 남긴 것은 불에 타지 않는 철도의 레일뿐이었다. 셔먼은 남부의 군대를 직접 상대하는 것보다 그들의 전쟁 의지와 사기를 꺾는 것이 더 효과적이라 생각했다.

그런데 셔먼의 행군은 그의 잔혹성뿐 아니라 천재적인 군사 전략도 보여준다. 그는 대용 목표를 지향하는 행군을 했다. 대용 목표代用目標, Alternative Objective란 공격하는 자가 선택할 수 있는 여러 개의 동등 목표군을 가리키는 군사 용어다.

즉 셔먼은 여러 개의 대용 목표 지점으로 갈 수 있는 애매한 공격로를 택했다. 원래 공격하는 측은 원하는 목표를 정해 공격하면 되지만, 방어하는 측은 공격 목표 지점이 어딘지에 따라 부대를 배치할 수밖에 없다. 그런데 셔먼이 목표 지점으로 짐작할 수 있는 도시들의 중간선을 따라 이동하자, 남군은 어디를 방어해야 할지 알 수가 없었다.

아틀랜타에서 출발한 셔먼의 부대는 네 개의 종대로 나누어 행군했다. 종대의 간격은 아주 넓었다. 북쪽의 종대들은 목표가 오거스타인 것처럼 행군했고, 남쪽의 종대들은 메이컨을 향하는 것처럼 행군했다. 북군이 찰스턴과 오거스타에 근접해 오자 남군은 병력을 양분하여 두 곳에 방어선을 만들었다. 그런데 셔먼은 두 지점의 중앙을 돌파하여 남군 최대의 보급 기지인 컬럼비아를 쳤다.

그런 다음 셔먼은 또다시 최종 목표가 골즈버로인지 윌밍턴인지 모르는 애매한 행군을 시작했다. 결국 그해 12월, 서배너를 함락시키고 대서양 연안에 도착한 셔먼 군은 북으로 진로를 바꿔 남군을 격파했다. 그리고 4월 26일, 4년간의 지루했던 전쟁에 마침표를 찍었다. 셔먼이 했던 행군 방식은 과거의 그 어떤 전쟁에서도 시도한 적 없는 대단히 특이한 전략이었다. 과연 부하들에게 '빌리 아저씨Old Billy'로 통했던 괴짜 셔먼다운 발상이었다.

善攻者 敵不知其所守
선 공 자 적 부 지 기 소 수

善守者 敵不知其所攻
선 수 자 적 부 지 기 소 공

공격을 잘하는 자는 적이 지켜야 할 곳을 알지 못하게 하고
지키기를 잘하는 자는 적이 공격할 곳을 알지 못하게 한다.

─ 허실(虛實) 제6편

잘 싸우는 사람의 공격은 너무나 교묘해서, 적은 그가 어디를 공격할지, 어떻게 막아야 할지 알지 못한다. 영악한 셔먼 장군은 바로 이러한 교묘한 공격을 했다. 어디를 막아야 할지 모르게 되면 방어하는 자는 병력을 여러 곳을 분산 배치하는 최악의 수를 둘 수밖에 없다. 《손자병법》에서는 이런 경우를 말해주는 어구가 연결되어 나온다.

"앞을 방비하면 뒤가 적어지고 뒤를 방비하면 앞이 적어지며, 왼쪽을 방비하면 오른쪽이 적어지고 오른쪽을 방비하면 왼쪽이 적어진다. 방비하지 않는 곳이 없도록 하려면 병력이 모자라지 않는 곳이 없게 된다 備前則後寡 備後則前寡 備左則右寡 備右則左寡 無所不備 則無所不寡."

공격하는 자가 어디로 올지 몰라 모든 곳을 다 방어하려 하다 보면, 결국 모든 곳의 병력이 부족할 수밖에 없다는 얘기다. 방어하는 자는 그래서 언제나 불리한 입장에서 전쟁을 하게 된다. 안 그래도 병력이 부족한데, 공격 목표를 알지 못해 부대를 쪼개어 배치하려니 남군의 방어 태세는 더더욱 약해질 수밖에 없었다. 그리고 셔먼은 그러한 사실을 잘 알고 있는 '공격을 잘하는 사람'이었다.

여건이 어려울수록 전략으로 돌파하라

셔먼의 행군을 보면, 역시 승리하는 사람에게는 그만한 이유가 있다는 생각이 든다. 셔먼은 그때까지 사용된 바 없는 방법을 도입하였다. 이것이 셔먼의 발상이었다. 그런데 이러한 그의 발상은 사실 자원이 제한되어 있다는 데에서 출발했다. 풍족하지 않은 인적·물적 자원을 가지고, 어떻게 하면 가장 효율적으로 싸울 수 있을 것인가 하는 고민에서 시작되었던 것이다. 병력만 충분했다면 양쪽 방향으로 동시에 집중 공격을 가할 수도 있었을 것이다. 그렇게 했다면 보다 빨리 적의 전선을 무너뜨리고 전쟁을 종식시킬 수 있었을지도 모른다.

하지만 그러기에는 병력이 부족했다. 그래서 어쩔 수 없이 머리를 써야 했다. 고민 끝에 생각해낸 것이 대용 목표들의 중간선을 돌파하여 적에게 혼란을 주자는 것이었고, 그 발상은 적중했다. 정확한 방어 지점을 찾지 못한 적은 여러 곳에 병력을 분산 배치할 수밖에 없었고 셔먼은 쉽게 승리를 얻어낼 수 있었다.

셔먼의 발상을 보면 주어진 자원이 부족하다는 것이 포기의 이유가 되지 못한다는 것을 알 수 있다. 오히려 자원이 부족하고 여건이 좋지 않다는 상황은 새로운 지혜와 전략을 짜낼 기회가 될 수도 있다. 그러니 절대로 주어지지 않은 것을 두고 불평하거나, 그것을 핑계로 포기해서는 안 된다. 오히려 기회로 삼고 셔먼과 같이 새로운 길을 찾아야 한다. 그러면 세상을 깜짝 놀라게 할 멋진 전략이 나올 수도 있다.

여건이 다 갖춰지지 않아도 생각을 바꾸면 충분히 더 좋은 결과를 얻어낼 수 있다는 말이다. 본질을 꿰뚫는 안목과 내가 추구하고자 하는 목표가 무엇인지에 대한 깊은 통찰, 그리고 불리한 상황에서도 가능성을 찾아내고자 하는 긍정적 마인드가 바로 전략의 시작이다.

이길 기회를
놓치지 마라

세상을 살다 보면 어느 정도 융통성이 필요할 때가 있다. 융통성이란 '형편이나 경우에 따라 일을 이리저리 막힘없이 잘 처리하는 재주나 능력'을 말한다. 그런데 상황이나 여건이 변했는데도 그런 융통성을 발휘하지 못하고 원칙에만 얽매여 행동하려는 사람들이 있다. 그런 사람을 두고 '고지식하다'고 한다. 그렇게 고지식한 사람들은 찾아온 기회도 잡지 못하고 놓치기 일쑤다. 한국전쟁이 한창이던 1951년 7월 17일 강원도 평창에서 일어났던 일은 그런 고지식함이 결정적인 실패를 불러올 수 있음을 잘 보여준다.

당시 북한군이 점령하고 있던 평창의 동북방 1077고지를 탈환하기 위해 국군이 투입되었다. 주 공격을 맡은 제3대대 대대장은 17일 아침 6시를 기해 고지의 7부 능선에서 공격을 개시하라는 명령을 내렸다. 공격 계획에 따라 3대대 중 9중대는 서쪽에서, 10중대는 남쪽에서 각각 고지의 7부 능선을 향해 진격했다.

그런데 서쪽에서 오르던 9중대가 플래쉬를 켜들고 무전기를 사용하다가 적에게 노출되었다. 그들은 곧 몰려든 적에게 포위되어 공격당했다. 이렇게 9중대 지역에서 아비규환의 상황이 벌어지는 동안 10중대는 목표했던 7부 능선 근처에 무사히 도착했다. 이때가 아침 5시 경이었다.

그런데 도착한 10중대의 선두가 보니 1077고지의 정상이 텅 비어 있었다! 그곳에 있던 북한군들이 9중대가 소란을 피운 서쪽으로 우르르 몰려가, 몇 안 되는 병력만이 정상을 지키고 있었던 것이다. 적의 실수였다. 가장 중요한 지점이 결정적인 허점이 되어 있었던 것이다. 선두에 있던 소대장이 그것을 보고 중대장에게 즉각 공격을 개시하자고 건의했다. 하지만 중대장은 소대장의 건의에 깜짝 놀라면서, 명령 받은 공격 개시 시간이 한 시간이나 남았다며 승인을 내리지 않았다.

"중대장님, 지금이 적에게 가장 취약한 시간입니다. 9중대를 공격하느라 정신이 그쪽에 쏠려 있을 때 우리가 공격하면 적의 등 뒤를 치는 격이니 기습 효과도 얻을 수 있습니다."

소대장은 재차 건의했지만, 중대장은 여전히 대기를 고집했다. 그렇게 시간이 흐르는 동안 9중대 쪽에서 들려오던 폭발음과 기관총, 소총의 소리가 차츰 줄어들기 시작했다. 다급해진 소대장이 다시 한 번 독촉했지만 중대장은 꼼짝도 하지 않고 손목시계만 들여다볼 뿐이었다.

그러는 사이 9중대를 공격하러 고지를 비웠던 적 주력은 9중대를 섬멸하고 산정에 복귀했다. 그러다 고지 주변에서 주춤거리는 10중대를 발견하고는 지체없이 공격을 개시했다. 상황은 역전되었다. 공격하려던 입장에서 방어해야 하는 입장으로 바뀌어버린 것이다.

결국 10중대는 7부 능선 바로 앞에서 공격은 해보지도 못하고 타격을 받아 궤멸되었다. 참으로 안타까운 일이 아닌가?

善戰者 立於不敗之地
선 전 자 입 어 불 패 지 지

而不失敵之敗也
이 불 실 적 지 패 야

잘 싸우는 자는 패하지 않을 태세에 서며
적이 패할 기회를 놓치지 않는다.

—군형(軍形) 제4편

적과 싸울 때 '지지 않는 것'이 우선일까, 아니면 '이기는 것'이 우선일까? 손자는 전쟁을 잘하자면 지지 않을 태세를 갖추는 일을 먼저 해야 한다고 한다. 그것이 '입어불패지지'다. 이길 방법을 찾기에 앞서 적어도 지지 않을 태세를 갖추어야 한다는 얘기다. 그런 다음, 적이 어떤 형태로든 허점을 보이면 그 기회를 놓치지 말고 공격해서 승리를 쟁취하라고 말한다.

지지 않을 태세를 갖추는 것은 내게 달려 있는 일이다. 그러나 적의 실수는 적에게 달린 문제다. 따라서 '적을 이기는 것'은 상대가 실수를 해야 이룰 수 있는 일이라는 얘기다. 물론 나는 가만히 있는데 적이 판단을 잘못하여 실수를 하거나 허점을 보여준다면 더할 나위 없이 좋을 것이다.

하지만 언제까지고 적이 허점을 보여줄 때만 기다리고 있을 수는 없다. 그럴 때는 적이 실수를 하도록 만들어야 한다. 속임수를 비롯한 여러 가지 계략을 써서 적극적으로 적을 혼란시키고 판단을 흐트러뜨려 실수를 이끌어내야 하는 것이다.

적이 스스로 실수를 했느냐, 내가 그 실수를 유도했느냐는 중요하지 않다. 중요한 것은 일단 적의 실수로 허점이 드러나면 그 기회를 놓치지 말고 즉각 공격해야 한다. 이때는 타이밍이 생명이다. 승리의 기회는 아주 짧은 순간에 왔다가 번개같이 달아나는 법이기 때문이다. 그것을 놓치면 다시는 돌아오지 않는다. 놓친 데서 그치면 그나마 다행이겠지만, 잘못하면 나에게 위협으로 돌아올 수도 있다.

가능성이 보이면 곧바로 움직여라

모든 일에는 때가 있다.

"공부하라는 말을 듣는 것이 죽기보다 싫었던 때가 있었다. 그런데 지나고 보니 그때가 공부를 열심히 해야 했던 때였다. 왜 그때 더 열심히 공부하지 않았을까 후회가 밀려온다. 열심히 일하라는 말이 듣기 싫었던 때가 있었다. 그런데 지금 생각해보니 그때는 정말 열심히 일을 해야 했던 때였다. 그때 더 열심히 일했으면 지금은 조금 더 편하게 지내고 있지 않을까 후회가 밀려온다."

어느 네티즌이 지난 날을 후회하며 올린 글인데, 살면서 이런 마음 한 번 느끼지 않은 이가 있을까 싶다. 모든 일에는 때가 있다.

어떤 사업을 함께 시작하기로 몇 명이 의기투합했다. 그런데 진행을 하다 보니 몇 가지 난관에 부딪혔고, 정상적인 계약과 시행으로 연결되지 못한 상태에서 시일이 경과했다. 그러다 보니 자연히 동업과 개업은 유야무야되고 말았다. 다음 해, 그들이 하려고 했던 사업을 구체화한 업체가 등장해 대박을 냈다.

주변에서 흔히 일어나는 일이 아닌가? 어떤 일은 경우에 따라서는 시간이 생명일 때가 있다. 그런 경우 이것저것 이해타산만 따지며 오랜 시간 고민하기보다는 가능성을 보고 곧바로 실행에 옮기는 것이 좋다. 그래야 실패를 하건 성공을 하건 결과가 나온다. 주변을 보면 창업에 대한 공부를 하느라 몇 년을 보내고는, 막상 창업을 할 때가 되면 실패가 두려워 포기하고 마는 사람들이 많다. 그런데 그렇게 해서는 아무것도 얻을 수 없다. 기회가 왔을 때 어느 정도 준비가 되었다면 기회를 놓치지 말고 잡아야 한다. 혹자의 말처럼 해도 후회되고 안 해도 후회된다면 일단 해보고 후회하는 것이 좋다. 그래야 아쉬움이 남지 않을 것이다.

데일 카네기는 기회의 중요성에 대해 이렇게 말했다.

"기회를 놓치지 말라! 인생은 모두가 기회인 것이다. 제일 앞서가는 사람은 과감히 결단을 내려 실행하는 사람이다. '안전 제일'만 지키고 있는 사람은 먼 곳까지 배를 저어 갈 수 없다."

그렇다. 인생은 기회다. 좋은 기회가 보이면 곧바로 행동으로 옮기자. 영국의 극작가 버나드 쇼의 묘비명에 새겨진 그의 말은 망설이느라 결단을 내리지 못하는 이들에게 경종을 울려준다.

"우물쭈물하다가 내 이럴 줄 알았지."

서른과 마흔 사이 인생병법

진정한 강자는 승부에
무리수를 두지 않는다

하수는 움직일 때마다 내가 무엇을 했는지 흔적을 남기지만 고수는 움직여도 흔적을 보이지 않는다. 하수는 아주 힘들게 싸우고, 이겨도 겨우 이긴다. 반면 고수는 아주 쉽게 싸우고 쉽게 이긴다.

갓 시집 온 며느리가 처음으로 시어머니와 김장을 담그는 모습을 보면 그 내공의 차이가 한눈에 드러난다. 경험이 없는 며느리는 온 몸에 고춧가루를 묻히고 땀을 뻘뻘 흘려가며 힘겹게 김장을 한다. 그러나 노련한 시어머니는 우아한 한복을 입고도 전혀 더럽히지 않으면서 많은 김장을 척척 해낸다.

이와 같이 일을 잘하는 사람은 큰일도 아주 쉽게 해낸다. 마찬가지로 잘 싸우는 사람은 전쟁에서 아주 쉽게 이긴다.

이순신 장군은 23번에서 26번 정도 전투를 했는데(전사마다 기록이 다르다) 단 한 번도 패하지 않았다. 전부 다 이긴 것도 값지지만, 더 대단한 것은 단 한 척의 전선도 적에 의해 파손되지 않았다는 사실이다. 이런 전적은 세계 어디서도 볼 수 없는 기록이다.

그런데 이에 대해 많은 사람들이 오해하고 있는 사실이 하나 있다. 이순신 장군은 매번 어렵고 불리한 상황에서 훨씬 유리한 상태의 적을 만나 신기에 가까운 전략으로 물리쳤다고 하는 것이다. 그것은 사실이 아니다. 물론 이순신 장군의 전략은 어느 하나 버릴 것이 없는 탁월한 전략이었다. 하지만 그 승리 뒤에는 간과해서는 안 되는 중요한 사실이 있다. 이순신 장군은 결코 열세의 전력으로 무리하게 전쟁을 이끌지 않았다는 점이다.

이순신 장군의 해전을 살펴보면 그는 언제나 이기기 쉬운, 즉 이길 만한 전쟁을 했음을 알 수 있다. 그것은 그가 강력한 집중 전략을 구사했기 때문에 가능한 일이었다. 이순신 장군의 집중 전략은 크게 두 가지로 요약할 수 있다.

첫 번째는 수적인 집중이다. 이순신 장군은 이를 위해 경상우수사 원균의 전선들과 전라우수사 이억기의 전선들을 끌어들여 연합 함대를 편성하고는 했다. 그의 승리는 이렇게 전선을 집중하여 전력을 우세하게 만든 결과 얻어낸 것이었다. 임진년 첫 출전인 옥포해전 때에는 조선 전선 91척으로 일본 전선 30척을 상대했다. 두 번째 출전인 사천해전에서도 26척으로 13척을 상대했다. 세 번째 출전인 한산해전에서는 56척으로 일본 전선 73척을 상대했다. 숫자만 보아서는 열세로 보이지만, 사실 이때 일본의 배는 36척만이 대선이었다. 또한 장림포해전에서는 166척으로 6척을 상대하기도 했다.

이렇게 이순신 장군은 자기 부대의 힘만으로 부족할 때는 연합 함대를 이루는 방법으로 수적 우위를 점한 다음 전쟁에 임했다. 물론 부산포해전이나 명량해전, 그리고 노량해전의 경우는 이와 달랐다. 이 경우에는 이순신 장군이 주도한 전쟁이 아니라 사실상 끌려들어간 전쟁이었기 때문에 어쩔 수가 없었다.

두 번째는 화력의 집중이다. 연합 함대를 편성하여 수적인 우위를 이룬 뒤에는 판옥선에 장비된 막강한 총통을 이용하여 한꺼번에 집중 공격하는 전략을 썼다. 한산대첩 당시, 적을 유인해내려는 이순신 장군의 전략에 따라 견내량으로 진입해 들어간 5~6척의 조선 판옥선은 무려 73척의 일본 전선을 상대해 30분이나 교전을 하고도 단한 척도 손상되지 않는 놀라운 성과를 냈다. 이는 화력을 아끼지 않고 일시에 집중한 결과였다. 곧바로 이어진 한산 앞바다에서의 학익진은 화력의 집중이 얼마나 가공할 위력을 갖는지 단적으로 보여준 현장이었다.

명량대첩의 경우에도 비록 수적으로는 13척 대 133척이라는 터무니없는 열세를 보였지만, 막강한 화력을 한꺼번에 퍼붓는 전략이 있었기에 결국에는 적선 31척을 분멸시키며 기적적인 승리를 달성할 수 있었다. 명량대첩에 대해 기록한 《난중일기》를 보면 '합력사살_合力射殺'이라는 말이 나온다. 모든 전선이 힘을 합해 화력을 집중하여 적을 죽였다는 뜻이다. 명량대첩의 승리 요인을 한마디로 표현한 말이 아닐 수 없다.

이처럼 이순신 장군은 수적인 집중이나 화력의 집중을 통해 항상 상대적인 우위에 오른 다음 전투에 임했다. 그랬기 때문에 늘 쉽게 적을 이길 수 있었다. 이는 '우승열패優勝劣敗(우세하면 이기고 열세하면 진다)', 즉 본질적으로 힘이 세야 이긴다는 전쟁 원리[戰理]의 기본 원칙에 충실한 것이었다.

기적의 인물로 알려져 있지만, 이처럼 이순신 장군은 결코 기적에 기대어 승부에 무리수를 둔 적이 없었다. 바로 이 점이 모든 전쟁에서 완벽한 승리를 이룰 수 있었던 가장 중요한 요인이었다. 잘 싸우는 자는 결코 열세의 전력으로 무리한 전쟁을 하지 않는다. 수로든 화력으로든 전체적으로 합산한 전력이 상대적 우위를 보일 때 전쟁을 치른다.

善戰者 勝於易勝者也
선 전 자 승 어 이 승 자 야

잘 싸우는 자는 이기되 쉽게 이기는 자다.

— 군형(軍形) 제4편

'이승易勝', 즉 쉽게 이기는 승리야말로 가장 바람직한 승리다. 힘겹게 싸워 이기는 것은 '난승難勝'이다. 그 경우에는 비록 이기더라도 많은 손실이 따른다. 그것은 좋지 않다. 그런데 쉽게 승리하기 위해서는 사전에 철저히 계산하여 충분한 조치를 해두어야 한다. 그렇기 때문에 손자는 다음과 같이 이어 말했다.

"그러므로 그 싸움에 이김이 어긋나지 않으니, 어긋나지 않는다는 것은 그 조치한 바가 반드시 이기는 데에 있기 때문에 이미 패한 적에게 이기는 셈이다其戰勝不忒 不忒者 其所措勝 勝已敗者也."

즉 이기는 군대는 싸움에 나서기 전에 수적인 전력과 화력, 그리고 전략을 모두 살펴 이길 수 있도록 조치를 취한 후에 싸운다는 말이다. 그렇게 되면 이미 패한 것이나 다름없는 적과 싸우게 된다. 이렇게 '이길 만한' 전쟁을 하니 '쉽게 이기는' 것이다.

손자는 또한 군형軍形 제4편에서 '이기는 군대는 먼저 이겨놓고 싸우고勝兵先勝而後求戰, 패하는 군대는 덮어놓고 싸운 후에 승리를 구한다敗兵先戰而後求勝'고 하기도 했다.

평범한 장수의 전쟁은 서로 맞붙을 때 비로소 시작되지만, 명장의 전쟁은 시작하기 전에 이미 결판이 난다는 것을 뜻하는 말이다. 즉 확실하게 이길 수 있도록 준비를 한 상태에서 전쟁을 한다는 얘기다. 그러니 그 싸움은 쉬울 수밖에 없다. 그래서 예로부터 잘 싸웠던 명장들은 질 수밖에 없는 적과 싸웠고, 이미 이긴 전쟁을 확인하며 싸웠던 것이다.

완벽한 승리는
소리 소문 없이 이기는 것

가장 바람직한 승리는 이긴 후에 박수 소리가 나지 않는 승리다. 떠들썩한 소문도 없고 용감함도 공적도 드러나지 않는 승리다無奇勝 無智名 無勇功. 손자가 말하기를 세상 사람들이 다 아는 승리는 차원이 낮은 승리라고 했다. 소문이 날 정도의 승리라면 분명 아주 어렵게 싸워 얻어낸 것이기 때문이다.

서로 엇비슷한 사람끼리 싸우면 어느 쪽으로 승부가 날지 아슬아슬해서, 보는 사람들이 중간 중간 박수를 많이 친다. 이런 싸움을 하게 되면 이기는 쪽도 피해가 많은 법이다. 양측 모두 최소한 코피 정도는 터지게 마련이다. 그러나 격투기 선수와 초등학교 학생이 싸우게 되면 박수가 나오지 않는다. 승부가 너무 뻔히 예상되기 때문이다. 당연히 격투기 선수가 이길 것이다.

바로 이것이다. 가장 바람직한 승리는 이처럼 당연하게 이기는 것이어서 소문이나 박수가 없는 승리다. 본래 명선수에게서 스포트라이트를 받을 만한 기적적인 파인 플레이를 보기는 어렵다. 박수를 얻어내려고 극적인 경기를 하기보다는, 관객의 반응을 의식하지 않고 안전하게 이기는 방법으로 시합을 하기 때문이다.

만약 사람들에게 많이 회자되는 승리나 성공을 하면 어떤 일이 벌어질까? 그렇다. 라이벌이 생긴다. 그동안 적수로 생각되지 않던 사람이 요란하게 박수를 받으며 전면에 부상하면 경쟁자로 인식하게 된다. 이것은 경쟁 사회에서 별로 좋지 않다. 승리나 성공은 '그냥' 하면 된다. 불리한 상황에서 기적적으로 이루었다는 소문이 나서 좋을 것이 없다. 확실하게 이길 충분한 역량을 갖추고 아주 쉽게, 그리고 조용히 이기는 것이 훨씬 이롭다.

물론 당장 눈앞에 보이는 이익이나 명예를 초월한다는 게 결코 쉬운 일은 아니다. 그러나 그것을 초월할 때 진정한 평안과 행복이 온다. 경쟁의 최고 경지는 경쟁심을 넘어설 때, 명예의 최고 경지는 명예욕을 넘어설 때 오는 것이다. 아직 박수 소리에 마음이 끌린다면 당신은 아직은 하수다.

상처 없는 온전한 승리를 위하여

본능적인
실행력을 갖춰라

비행기를 타고 시카고에 가려 하면 대부분 오헤어 공항에 도착한다. 그곳 공항 터미널의 한 코너에는 빛바랜 전투기 한 대와 이 전투기를 조종한 한 군인의 동상이 있다. 군인의 이름은 에드워드 오헤어Edward Henry Butch O'Hare다. 그의 고향이었던 일리노이 주의 사람들은 그의 용감한 행동을 기념하기 위해 시카고 공항의 이름을 '오헤어 공항'으로 명명했다.

제2차 세계대전이 한창일 때 미 해군의 전투기 조종사 오헤어 대위는 남태평양에 출동 중인 항공모함 렉싱턴 호에 배속되었다. 어느 날 렉싱턴 호를 비롯한 남태평양 함대는 일본 함정들과 수송 선단이 솔로몬군도 서북방, 뉴아일랜드 섬 북단의 라바울 항에 정박해 있다는 첩보를 입수하고 출동했다. 그러나 라바울에서 400마일 떨어진 해역에 이르렀을 때, 일본 해군의 대형 쾌속정 가와니시 호에게 발각되고 말았다. 다행히 전투기 편대장 존 타치 소령이 재빨리 격침시켜 화를 면하기는 했지만, 그 와중에 함대의 위치가 일본 군에게 발각되고 말았다.

하지만 그 사실을 몰랐던 함대 사령관은 모든 전투기에 라바울 항을 향해 출격하라는 명령을 내렸다. 이때가 1942년 2월 20일이었다. 이 명령에 따라 모든 전투기가 항공모함을 떠나 공중 편대를 이루었다. 오헤어 대위의 비행기도 그중 하나였다. 그런데 오헤어 대위는 비행 중 비행기에 치명적인 결함이 있다는 것을 발견했다. 이 사실을 편대장에게 보고하자 당장 함대로 돌아가라는 명령이 떨어졌다.

그런데 오헤어 대위는 귀환 도중, 미국 함대가 있는 방향으로 날아가고 있는 9대의 일본 폭격기 편대를 보게 되었다. 그야말로 이러지도 저러지도 못하는 진퇴양난의 상황이었다.

그때 그가 할 수 있는 선택은 세 가지뿐이었는데, 불행히도 그중 두 가지는 실행 불가능한 것이었다. 첫째는 동료 전투기 편대를 불러들여 일본 폭격기들과 싸우는 것이었다. 그러나 그러기에는 거리가 너무 멀고 시간도 없었다.

둘째는 소속 항공모함에 적기 출현 사실을 알려 속히 대책을 강구하는 일이었다. 그러나 지원 출격할 전투기도 하나 남지 않은 무방비

상처 없는 온전한 승리를 위하여

상태의 항공모함에 대책이 있을 수 없었다. 일본 군은 그런 정보를 미리 알고 기습 공격을 감행했던 것이다.

그렇다면 선택은 오직 하나. 혼자서라도 일본 폭격기 편대와 맞서는 것뿐이었다. 그들을 내쫓아 진행 방향을 바꾸게 하거나, 항공모함에 접근하지 못하게 해야 했다. 그는 망설일 겨를도 없이 거의 본능적으로 적진에 뛰어들었다. 마치 토끼가 덫에서 벗어날 때 그러듯이 번개처럼 빠른 행동이었다.

그는 일본 폭격기를 향해 50㎜ 구경 기관포를 난사하기 시작했다. 다섯 번째 비행기를 격추시켰을 때, 그는 탄약이 바닥난 것을 알았다. 오헤어 대위는 망설임 없이 비행기로 육탄 공세를 펼치기 시작했다. 자신의 비행기로 적기의 날개나 꼬리를 부러뜨려 적기가 더 이상 날지 못하게 만들었다. 이렇듯 오헤어 대위가 필사적으로 대항하자, 기습 공격을 시도하다 오히려 기습을 당한 일본 군은 할 수 없이 방향을 바꿔 기지로 회항했다.

탄환은 하나도 남지 않았고 연료도 거의 바닥난 데다, 육탄 공세를 벌이느라 만신창이가 된 전투기의 조종간을 쥔 오헤어 대위는 천신만고 끝에 항공모함으로 살아돌아왔다. 그리고 그 공로를 인정받아 소령으로 특진했으며 제2차 세계대전 최초로 미 해군 에이스Ace 칭호를 받았고, 해군으로서는 처음으로 미 의회의 명예훈장을 수여받았다.

始如處女 敵人開戶
시 여 처 녀 적 인 개 호

後如脫兔 敵不及拒
후 여 탈 토 적 불 급 거

처음에는 처녀처럼 얌전히 행동하여 방심한 적이 문을 열게 하고,
나중에는 달아나는 토끼처럼 재빨리 행동하여
적이 미처 막을 수 없도록 한다.

— 구지(九地) 제11편

처음에는 아무 힘도 없는 것처럼 행동력을 감추어 적의 방심을 이끌어낸다. 요조숙녀처럼 얌전하게 있으면 상대는 경계심을 늦추고 방심하게 마련이다. 벌레조차 잡지 못하는 연약한 심성을 가진 것처럼 행동하는 것도 적의 방심을 유도하는 일종의 속임수가 될 수 있다. 적이 마음의 문을 연다면 반은 성공한 셈이다.

그러나 행동으로 옮길 때는 번개처럼 빨라야 한다. 마치 덫에서 벗어나는 토끼처럼 빠르게 움직여야 적이 저지할 수 없다. 오헤어는 순간적으로 결심한 후 번개같이 적진으로 뛰어들었다. 일본 군은 미군 비행기가 오리라고는 생각지 못하고 방심하고 있다가 기습 공격을 당해 너무나 놀랐다. 게다가 비행기 한 대가 편대를 다섯 대나 격추시키고, 육탄전으로 들이받기까지 하니 당황하지 않을 수 없었다. 오헤어의 승리 요인은 바로 '행동력'이었다.

'해야겠다' 마음을 먹으면 곧바로 실천으로 옮겨야 한다. 마음 먹은

들 행동으로 옮기지 않으면 아무것도 이루어지지 않는다.

전략은 행동할 때만 유효하다

전략이라는 것은 보통 오랜 숙고 끝에 아주 정밀하게 계획될 때 그 가치가 발휘된다. 그러나 상황에 따라서는 아주 짧은 시간에 결정하여 대담한 행동으로 정면 돌파해야 할 때도 있다. 아무리 좋은 전략이나 계획을 세웠다 한들 책상 앞에서 마냥 망설이며 이리저리 재느라 시간을 보내다가는 타이밍을 놓쳐 무용지물이 되기 십상이다. 따라서 행동력이 중요한 것이다.

사막의 여우 롬멜 장군은 '나는 책상 위에서 전략을 논하지 않는다'고 했다. 전략은 현장에서 행동으로 옮길 때에만 유효하다는 것이다. 행동으로 옮기지 않으면 아무 성과도 기대할 수 없다. 부뚜막의 소금도 넣어야 짜다는 말이 있다. 아무리 부뚜막에 소금이 많아도 음식에 넣지 않으면 짠 맛은 나지 않는다. 행동으로 옮기지 않으면 아무것도 하지 않은 것과 다를 것이 없다.

실제로 행동력이 부족한 사람은 사업이든 학업이든 사랑이든 제대로 성취해내지 못한다. 행동으로 옮기지 못하고 혼자서 끙끙 앓기만 하는 짝사랑은 그래서 성공하기 힘든 것이다. 고백하고 행동을 보여야 그 사랑이 이루어질 가능성이 생긴다. 어른들에게 공손히 대해야 한다고 늘 생각한다 해도, 어른을 보았을 때 고개 숙여 인사하지 않으면 소용이 없다. 영어 회화를 잘해야겠다고 마음먹어도 매일 연습하고 공부하지 않으면 외국인 앞에서 말문은 열리지 않는다.

목적을 확실히 하고 단호하게 실행에 옮겨라. 평가는 뒤로 밀어두자. 일단은 시쳇말로 '못 먹어도 고!'를 외쳐볼 일이다. 단, 시작했다면 끝장을 보자.

人　　生　　兵　　法

말을 묶어두고 수레바퀴를 땅에 묻으면 어떻게 될까? 아무리 전세가 나빠진다 해도 병사들은 도망갈 수가 없다. 도망갈 길을 아예 없애버리면 병사들은 죽기살기로 싸울 수밖에 없을 것이다. 그런데《손자병법》은 이런 불퇴항전의 상황을 만들어놓아도 승리를 장담할 수 없다고 말한다. 이 말은 외형적인 조치만 가지고 병사들을 규제할 수 없다는 것을 뜻한다. 사실 전장에서 더 중요한 것은 지휘관에 대한 절대적인 신뢰이다. 어떤 위기가 오더라도 리더가 결코 자신들을 버리지 않을 것이라는 믿음, 부하들이 목숨을 걸 정도의 신뢰는 지휘관 또한 그들과 같이 목숨을 걸어야 얻을 수 있는 것이다. 전투시 카이사르의 행동을 보면 한 가지 두드러진 특징을 볼 수 있다. 그가 말에서 내릴 때면 반드시 말을 어느 한곳에 매어두었다는 것이다. 카이사르가 먼저 그렇게 하면 휘하의 모든 장교들도 자기 말을 그곳에 매어두었다. 그것은 어떤 위기 상황이 오더라도 그 자리를 떠나지 않고 병사들과 함께 그 상황을 이겨내겠다는 결의를 다지는 일종의 예식이었다.

3장

평생 갈 사람을 구하라

신뢰는 죽을 고비도
함께 넘게 만든다

이탈리아의 고등학교 역사 교과서를 보면 이런 기록이 나온다.

"지도자에게 요구되는 자질은 지성, 설득력, 지구력, 자제력, 지속적인 의지 이 다섯 가지다. 카이사르만이 이 모든 자질을 두루 갖추었다."

로마의 정치가이자 군인이었던 율리우스 카이사르Gaius Julius Caesar를 두고 한 말이다. 영어로는 줄리어스 시저. 어떻게 하여 이런 평가를 받는 인물로 남게 된 것일까? 그가 치렀던 여러 전쟁 중 하나인 알레시아Alesia 공방전을 살펴보면, '과연, 카이사르구나!' 하며 그 이유를 공감할 수 있을 것이다.

알레시아 공방전은 7년간이나 지속된 갈리아 전쟁을 사실상 끝맺은 전투이다. 갈리아 전쟁은 갈리아에서 새로운 족장으로 추대된 젊은 베르킨게토릭스가 반란 세력을 모아 로마에 반기를 들고 일어나면서 시작되었다. 이 소식을 들은 카이사르는 곧바로 알프스를 넘어 갈리아로 들어가 반란군 축출에 나섰다. 기원전 52년 여름, 베르킨게토릭스는 8만 명의 갈리아 인들을 이끌고 알레시아 요새로 들어가 농성전을 준비하는 한편, 아직 모이지 않은 모든 갈리아 부족에게 알레시아로 집결하라는 전령을 보냈다.

카이사르는 알레시아 요새를 둘러싸는 포위망을 만들었다. 그런데 그가 만든 포위망은 두 겹의 성벽으로 이루어진 아주 특이한 것이었다. 첫 번째 성벽(내벽)은 농성군을 공격하기 위한 것이고, 두 번째 성벽(외벽)은 바깥에서 오는 지원군에 대비하기 위한 것이었다. 두 성벽은 120m의 거리를 두고 세워졌고, 로마 군은 그 사이에 위치했다.

베르킨게토릭스의 지원 요청을 받은 갈리아 인들은 50개의 부족에서 25만 명의 보병과 8,000여 기의 기병을 모아, 기원전 52년 9월 20일 알레시아가 눈앞에 보이는 지점에 도착했다. 이로써 두 개의 성벽 사이에 위치한 카이사르의 병력 5만 명은 34만 명에 달하는 적을 앞뒤에 두고 싸우게 되었다.

처음에 벌어진 전투는 기병전이었다. 로마의 기병은 규모 면에서 매우 불리했음에도 용감히 싸워 갈리아의 기병을 물리쳤다. 농성군 중 일부 보병이 성 밖으로 공격해오기도 했으나 카이사르의 안쪽 포위망을 뚫지 못하고 요새로 물러날 수밖에 없었다. 그러자 갈리아 군은 밤을 틈타 공성 기구로 맹렬하게 공격해왔다. 하지만 이 또한 로마 군의 포위망을 뚫지 못했다.

그런데 카이사르를 보자! 그는 전투가 벌어질 때마다 붉은 망토를 펄럭이며 동에서 번쩍 서에서 번쩍 나타났다.

"내가 여기 있다. 모두 힘내 싸워라!"

갈리아 군의 발악적인 총공세에 군데군데 포위망이 뚫리기도 했지만, 그럴 때마다 높은 곳에서 전체를 내려다보고 있던 카이사르가 지원군을 보내 막았다. 그렇게 전장을 한눈에 담고 있던 카이사르의 눈에 결정적인 약점이 잡혔다. 그는 그 순간을 놓치지 않았다.

"저 곳이다!"

갈리아 군의 한쪽 측면에서 결정적인 약점을 발견한 카이사르는 즉시 현장으로 내려와 직접 기병대와 보병대를 이끌고 성벽 밖으로 나가 갈리아 군의 측면을 공격하여 순식간에 그들을 무너뜨렸다. 북쪽 성벽의 갈리아 군이 괴멸했다. 기대했던 북쪽 전선에서 패하자 성밖으로 나와 공격하던 갈리아 군은 다시 요새 안으로 들어갔다. 전세가 불리해진 것을 파악한 성벽 밖 갈리아 지원군들도 퇴각하기 시작했다. 결국 이 전투에서 로마 군은 1만 2,800명이 전사한 반면, 갈리아 군은 전멸하다시피 했다. 5만 명도 안 되는 병력으로 34만 명이나 되는 적을 대파한 것이다. 그것도 앞뒤에 적을 둔 불리한 상황에서 이룬 승리였다. 베르킨게토릭스는 이튿날 말을 타고 찾아와 카이사르 앞에 무릎을 꿇었다.

앞뒤에 성벽을 쌓고 일곱 배 가까운 수의 적을 상대하다니, 어찌 보면 카이사르의 전략은 스스로 무덤을 파는 것처럼 보인다. 하지만 물러설 길이 없기에 군사들은 죽음을 각오하고 싸울 수 있었다.

그런데 이렇게 배수진을 쳤다 해도 전쟁터 한가운데에서 붉은 망토를 휘날리며 지휘한 카이사르와 그에 대한 병사들의 절대적인 신뢰가 없었더라면 승리는 로마 군의 것이 되지 못했을 것이다.

方馬埋輪 未足恃也
방 마 매 륜 미 족 시 야

말을 묶어두고 수레바퀴를 땅에 묻더라도,
아직 믿을 수 있는 것은 아니다.
—구지(九地) 제11편

생각해보자. 말을 묶어두고 수레바퀴를 땅에 묻으면 어떻게 될까? 아무리 전세가 나빠진다 해도 병사들은 도망갈 수가 없다. 도망갈 길을 아예 없애버리면 병사들은 죽기살기로 싸울 수밖에 없을 것이다. 그런데 《손자병법》은 이런 불퇴항전의 상황을 만들어놓아도 승리를 장담할 수 없다고 말한다.

이 말은 외형적인 조치만 가지고 병사들을 규제할 수 없다는 것을 뜻한다. 사실 전장에서 더 중요한 것은 지휘관에 대한 절대적인 신뢰이다. 어떤 위기가 오더라도 리더가 결코 자신들을 버리지 않을 것이라는 믿음, 부하들이 목숨을 걸 정도의 신뢰는 지휘관 또한 그들과 같이 목숨을 걸어야 얻을 수 있는 것이다.

전투시 카이사르의 행동을 보면 한 가지 두드러진 특징을 볼 수 있다. 그가 말에서 내릴 때면 반드시 말을 어느 한곳에 매어두었다는 것이다. 카이사르가 먼저 그렇게 하면 휘하의 모든 장교들도 자기 말을 그곳에 매어두었다. 그것은 어떤 위기 상황이 오더라도 그 자리를 떠나지 않고 병사들과 함께 그 상황을 이겨내겠다는 결의를 다지는 일종의 예식이었다.

사람을 얻으려면 내가 먼저 움직여라

회사 사람들 모두 힘이 빠져 있다. 안 그래도 글로벌 위기를 맞아 회사가 어려운데, 원유 값이 많이 오른 것이다. 엎친 데 덮친 격으로 경쟁 업체에서는 아주 괜찮은 신상품까지 출시되었다. 회사에 출근하고 싶은 마음도 나지 않을 정도다. 그런데 갑작스레 전체 회의가 잡혔다. 모든 직원이 회의실에 모이자 사장이 말문을 열었다.

"여러분, 내일부터 기름 값을 아끼기 위해 회사 차량은 2부제로 움직이도록 하겠습니다. 그리고 저는 BMW를 이용하겠습니다."

회사 사정이 좋지 않아 차량을 2부제로 운영한다면서, 대표는 외제차를 타겠다니……. 황당해하는 사원들에게 사장의 얘기가 이어졌다.

"허허, BMW가 뭔지는 아시죠? 버스Bus에서 내려 지하철Metro을 갈아탄 다음 걸어서walk 출근하겠다는 말입니다. 그리고 경쟁 업체에서 이번에 출시한 신상품에 대해서는 너무 신경 쓰지 마세요. 제가 나름의 대책을 세워보았습니다. 힘냅시다! 우리가 힘을 합하면 못할 게 뭐 있겠습니까?"

반전. 사장은 위기 상황을 사원들과 함께 겪으며 헤쳐갈 것을 약속했다. 또한 현재의 어려운 상황에 대해 구체적인 판단을 내리고, 해결 가능성을 가시화했다. 높은 망루에 올라 전황을 파악하고, 적시 적소에 지원군을 보낸 카이사르처럼. 이쯤 되면 반신반의하던 사원들의 마음도 '그래, 한 번 해보자!' 하고 바뀌지 않겠는가?

무릇 위대한 업적을 이룬 사람들은 다른 사람을 움직일 때 머리가 아닌 마음을 공략한다. 한 가족의 가장이든, 군대의 지휘관이든, 혹은 한 회사의 부서장이든 조직의 리더는 조직원의 시간이나 일을 관리하지 않고 조직원들의 마음을 관리한다. 조직원들의 마음만 움직일 수 있다면, 시간과 일은 그들이 알아서 관리하게 마련이기 때문이다. 마음을 공략하는 가장 좋은 방법은 끝까지 함께할 거라는 믿음과 비전을 제시해주는 것이다. 조직의 구성원은 자신들의 고충과 노력을 알아주는 리더에게 자신의 모든 것을 던지게 마련이다.

하나가 될 때
기적이 일어난다

옛말에 개똥도 쓸 데가 있고, 굼벵이도 구르는 재주가 있다는 말이 있다. 아무리 하찮아 보이는 사람일지라도 결정적인 순간에 어떤 역할을 할지 모르니, 함부로 사람을 차별하거나 판단해서는 안 된다는 말이다. 이러한 진리는 동서고금을 막론하고 통하는 듯하다. 프랑스의 영토 탈환 전투가 벌어졌던 샤토 가이야르에서도 승리로 통하는 결정적 길을 뚫어낸 것은 내세울 것 없는 평민 출신의 병사였다.

영국 국왕 리처드 1세Richard I는 사자처럼 용감하다고 해서 사자심왕獅子心王, 혹은 사자왕獅子王이라고 알려졌다. 그가 1198년 여름 프랑스 센강이 내려다보이는 앙들리 절벽에 난공불락의 성 샤토 가이야르를 건설했다. 프랑스 어로 '잘 지은 멋진 성'이라는 뜻이다. 리처드 1세는 왜 이곳에 성을 건설했을까? 당시 영국은 노르망디를 비롯해 프랑스 땅의 일부를 차지하고 있었는데, 프랑스 국왕 필리프 2세 Philip Ⅱ가 그 땅을 탈환하려 노리고 있었기 때문이다.

아니나 다를까 성이 완공된 후 1년도 지나지 않아 리처드 1세가 숨지고 그의 동생 존이 왕위에 오르자, 이때다 싶었던 프랑스 왕 필리프 2세는 프랑스 영토를 되찾기 위해 샤토 가이야르 성을 공격했다. 이때가 1203년 8월. 마침 존 왕은 자리를 비우고 명장 로저 드 라시가 성을 지키고 있었는데, 성안에는 1년 정도는 충분히 버틸 정도로 풍족한 군수 물자와 물이 있었다.

필리프 2세는 신중한 왕이었다. 그는 7개월 동안이나 공성攻城 준비를 한 후, 1204년 2월 드디어 공격을 시작했다. 투석기로 성을 향해 무수히 돌을 날렸고, 성벽을 향해 이동식 망루가 힘차게 전진했다. 하지만 과연 샤토 가이야르는 난공불락의 성이었다. 죽기 살기로 싸우는 영국 군 때문에, 밀고 들어갔던 프랑스 군은 다시 퇴각해야 했다. 필리프 2세는 새로운 방법을 모색하기 시작했다. 아무리 완벽한 성이라도 어딘가에는 약점이 있을 것이라 생각한 그는 결정적인 약점을 찾으라고 명령했다.

이때 랄프라고 하는 평민 출신의 병사가 등장했다. 그는 코가 위로 들려 있어 '들창코'라는 별명을 가지고 있었다. 그러나 그의 상관이나 동료들은 아무도 그를 놀리거나 차별하지 않았다. 오히려 그를 아끼고 돌보며 사랑했다. 그런데 이 사내는 들창코 때문인지 못 맡는 냄새가 없었다. 성안으로 들어갈 침투로를 찾느라 이리저리 킁킁거리고 다니더니 드디어 '냄새'를 맡았다. 똥 냄새였다. 인분이 빠져나오는 배출 통로를 찾아낸 것이다. 이 배수로는 10m의 높이로 성 내부와 통하고 있었다.

"어이구, 냄새!"

어떻게 할까? 이때 랄프의 머리에 평민 출신에 외모도 보잘것없는 자신과 같이 동고동락했던 상관과 동료들의 모습이 스쳐지나갔다. '승리를 위해 할 수 있는 것이 있다면 무엇이라도 해야 한다.' 생각이 거기에 미치자 그는 망설임 없이 인분이 흐르는 비좁은 배출 통로로 기어 들어갔다. 똥을 잔뜩 덮어 쓴 랄프 일행이 성안에 진입한 것을 발견한 영국 군은 몹시 당황했고 곧바로 육탄전이 시작되었다.

프랑스 군과 영국 군이 뒤얽혀 싸우는 와중에 주변에 있던 성벽 일부에 불이 붙었고 불길은 삽시간에 주변으로 번졌다. 혼란 속에서 영국 군은 마지막 방어선으로 물러갔고, 랄프와 동료들이 내벽의 성문을 열자 프랑스 군이 물밀 듯이 성안으로 들어왔다. 1204년 3월 6일, 마침내 마지막 방어선이 무너졌고, 끝까지 버티던 140여 명의 영국 병사는 항복하고 말았다.

이렇게 하여 7개월 동안 버티던 샤토 가이야르는 단 한 달의 전투로 프랑스에 함락되었다. 이 전쟁의 패배로 정치적 입지가 약해진 존 왕은 1215년에 국왕의 권리를 제한하는 내용을 담은 그 유명한 마그나

카르타 대헌장에 서명하게 된다. 오늘날 세계적인 관광지로 유명해진 샤토 가이야르에 가면, 필리프 2세가 들창코 랄프에게 기사 작위와 함께 많은 토지와 금화를 하사한 전설 같은 이야기를 들을 수 있다.

道者 令民與上同意也
도 자 영 민 여 상 동 의 야

도란 백성으로 하여금
위와 같은 마음이 되도록 하는 것이다.
—시계(始計) 제1편

도道는 중국 철학의 핵심 화두이다. 그러다 보니 오랜 시간을 두고 수많은 사상가들이 수천 가지의 이론을 내놓았다. 그중 대표적인 사상가는 노자와 공자이다. 이들은 저마다의 관점에서 도를 해석하고 세상에 설파했다. 공자와 같은 시대를 살았던 손자 역시 도에 대해 이야기했다. 손자가 말한 도는 당시 제자백가諸者百家들이 주장하던 '인간의 도'나 '자연의 도'와는 확연히 다르다. 시계 편에서 손자가 이야기한 도는 이런 것이다.

"도라는 것은 아래의 백성으로 하여금 윗사람과 같은 마음이 되도록 하는 것이다. 그리하여 가히 함께 죽기도 하고 가히 함께 살기도 하여 어떤 경우에도 마음이 갈라지지 않는 것을 말한다道者 令民與上同意也 故可與之死 可與之生 而民不詭也."

다스리는 군주와 통치되는 백성의 마음이 '하나'가 되는 것이 '도道'라는 얘기다. 마음이 '하나'가 되면 삶과 죽음을 함께할 수 있는 법이다. 백성이 군주와 뜻을 같이한다면, 그 백성은 군주를 위해 목숨을 다해 충성할 것이다.

손자의 통찰력이 참으로 놀랍지 않은가? 손자는 춘추시대 말기 당시 제후들이 무엇을 원하는지 그 속내를 정확히 짚어냈다. 그들에게는 자신들의 통치를 합리화하고 백성들의 충성심을 불러일으킬 이데올로기가 필요했다. 손자는 거기에 포커스를 맞춘 것이다. 조직에 있어서 위와 아래가 하나가 되는 도는 모든 일의 시작이다. 그래서 도가 이루어지지 않은 상태에서는 전쟁뿐만 아니라 그 어떤 일도 하지 말라고 하는 것이 손자의 준엄한 가르침이다.

윗사람이 먼저 몸을 낮춰라

얼마 전 한 신문에 5년째 교복을 입고 수업하고 있는 교사의 이야기가 실렸다. '학생 선생님'으로도 불리는 그는 수업 시간뿐만 아니라 출퇴근을 할 때에도 학생과 똑같이 교복을 입는다. 머리도 학생들처럼 스포츠형으로 짧게 깎았다고 한다. 그가 이렇게 하게 된 것은 초년 시절에 들은 한 학생의 질문 때문이었다.

"선생님들은 교복도 안 입고 머리도 기르면서, 왜 학생들한테만 교복 입고, 머리도 짧게 자르라고 하나요?"

당연하게 받아들이던 일에 대해 기습 질문을 받은 그는 당황했지만, 생각을 해보니 영 틀린 지적도 아닌 것 같아 고심 끝에 자신도 교복을 입기로 결심했다고 한다.

그런데 옷을 바꾸니 생각이 달라지고, 학생들에 대한 마음이 열렸다고 한다. 자신이 머리를 숙이고 눈높이를 낮추자 학생들도 진로나 친구 관계, 학교 폭력 등의 고민을 그에게 털어놓기 시작했다. 윗사람이 아랫사람의 마음과 사정을 이해하고 그의 입장이 되어보기 위해 노력하니 아랫사람도 마음을 열고 다가온 것이다.

회사에서도 마찬가지다. 상사와 부하 직원이 서로 공감하고 소통하기 위해서는 상사의 노력이 절대적으로 필요하다. 조직 사회에서는 윗사람의 영향이 절대적이기 때문이다. 그래서 선생님이 교복을 입은 것처럼 상사가 아랫사람의 눈높이로 스스로 낮아져야 한다. 그렇게 하는 순간 아무리 단단한 마음의 벽이 있었다 해도 다 무너지게 마련이다.

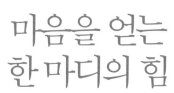

마음을 얻는
한 마디의 힘

일반적으로 동양은 '글'을, 서양은 '말'을 중시한다. 그래서 동양에서는 '명문名文'이 발달했고, 서양에서는 '명연설'이 발달했다. 때에 맞는 멋진 연설은 사람들의 마음을 송두리째 빼앗는 힘을 가진다. 연극과 영화의 주인공으로 자주 등장하는 영국 왕 헨리 5세Henry V는 프랑스 군과의 아쟁쿠르 전투에서 그러한 명연설의 힘으로 패색이 짙었던 전쟁을 승리로 이끌었다.

아쟁쿠르 전투는 백년전쟁의 전투 중 하나로 1415년 8월 25일 금요일(성 크리스핀의 날)에 북부 프랑스의 아쟁쿠르Agincourt에서 벌어졌다. 궁수 보병 8,000명과 중기병 2,000명의 영국 군이 헨리 5세의 지휘를 받으며 노르망디 해안에 상륙했다. 하지만 전염병과 500㎞의 긴 행군으로 인해 영국 군은 6,000명으로 급격하게 그 숫자가 줄어들었다.

반면 이를 맞은 프랑스 군은 2만 5,000명으로 영국 군의 4배나 되었다. 뿐만 아니라 프랑스 군은 중장기병과 중장보병, 그리고 우수한 무기까지 보유하고 있었다. 전투 전날이던 8월 24일, 때마침 억수같이 쏟아진 폭우에 흠뻑 젖은 영국 군은 지쳐서 더욱 사기가 떨어졌고, 프랑스 군은 승리를 확신하고 있었다. 바로 그때 겁에 질려 떨고 있는 영국 군 앞에 헨리 5세가 섰다. 그리고 그는 역사를 바꾼 위대한 연설을 했다.

"우리는 수적으로 열세다. 게다가 지쳤다. 하지만 피를 나눈 형제들이다. 제군들은 나와 함께 피를 흘려왔기 때문에 내 형제가 되었다. 영국에 남은 남자들은 지금 잠자리에 누워 여기에 있지 못한 것을 안타까워할 것이다. 함께 싸운 우리가 목소리를 높일 때 그들은 남자인 것을 부끄럽게 여길 것이다. 오늘 살아남아 무사히 귀향하는 자는 오늘을 기념하는 그날에 최고의 자리에 서게 될 것이다. 나를 따라 영국의 영광을 위해 싸우자!"

연설을 듣고 있던 영국 군은 주먹을 힘껏 쥐었다. 그들은 더 이상 겁쟁이가 아니었다. 사기가 마구 치솟아 올랐다. '하면 된다!'는 마음이 불같이 일었다. 그래서 그들은 밤을 새워 목책을 세우고 일전을 준비했다. 원래 영국 군은 그날을 참회의 날로 삼아, 모든 병사들이 지옥에 떨어질 것을 피하기 위해 스스로를 정화하려 했다고 한다.

당시 승부를 결정지은 요건 중에는 지형의 영향도 있었다. 좁은 전장은 우거진 수풀로 가득 얽혀 있어 영국 군에게 유리했다. 1,000명의 영국 중무장 부대는 4열로 밀집해 있었다. 프랑스 군의 수는 영국의 중무장 부대보다 4배 이상 많았지만 지형이 좁아 전군을 한꺼번에 투입할 수 없었다. 프랑스 군의 중장기병과 보병이 측면 공격을 하려 했지만, 수풀 지대 때문에 불가능했다.

이어서 목책 돌파를 시도했지만, 이번에는 영국 군이 불화살로 공격했다. 그러자 불화살에 놀란 프랑스 기병의 말들이 진군하는 아군 보병들을 향해 돌진하기 시작했다. 그러자 보병들은 분산되고 짓밟히며 곤두박질쳤다.

프랑스 군 중무장 부대의 수는 영국 군 중무장 부대보다 5배나 많았다. 하지만 갑옷이 문제였다. 그들은 25kg이나 되는 무거운 갑옷을 입고 비온 뒤의 두꺼운 진흙탕길을 걸어야 했다. 게다가 얼굴에 화살을 맞을까 두려워 쓴 투구에는 겨우 숨 쉬는 구멍만 나 있을 뿐이어서 앞을 보기도 쉽지 않았다. 그런데 이들이 가까이 오자 영국의 장궁병들은 '끔찍한 화살의 우박'을 쏟아부었던 활을 내려놓고 백병전에 돌입했다. 프랑스 군은 투구를 쓰는 바람에 열과 산소가 부족했고, 그로 인해 가만히 있어도 숨이 넘어갈 지경으로 자신들의 무기조차 들기 어려운 상황에서 영국 군을 맞아 싸워야 했다. 결국 헨리 5세는 프랑스 군에게 막대한 손실을 입히면서 승리했다.

이때 헨리 5세는 몇몇 유명 인사들을 제외한 프랑스 포로 수천 명을 학살하도록 명령했다. 프랑스 측에서는 12명의 귀족과 1,500명의 기사, 그리고 약 4,500명의 병사들이 전사했다. 하지만 영국 군의 손실은 적게 잡았을 때 112명에 그칠 정도로 극히 미미했다. 전사 연구가 앤 커리는 이러한 아쟁쿠르 전투를 '헨리 5세의 신화'라고 극찬한 바 있다.

治心 治力 治氣 治變
치 심   치 력   치 기   치 변

마음을 다스리고, 체력을 다스리고,
사기를 다스리고, 변화를 다스린다.

—군쟁(軍爭) 제 7편

《손자병법》군쟁軍爭 제7편에는 전쟁에서 승리하기 위해 다스려야 할 네 가지에 대해 이야기하고 있다.

첫째는 치심治心이다. 사람의 마음을 다스리는 것이다. 싸우는 자의 마음을 어떻게 다스리느냐는 승패와 직결된다. 아군의 마음은 잘 다스려 동요가 없도록 하고, 적의 마음은 흔들어놓아 어지럽혀야 한다. 헨리 5세는 연설을 통해 겁에 질려 떨고 있는 병사들에게 용기를 주며 마음을 다스렸다.

둘째는 치력治力이다. 체력을 다스린다는 의미다. 어떻게 하면 아군의 체력은 잘 보존할지, 어떻게 하면 적의 체력을 고갈시킬지에 역점을 두어야 한다. 25㎏이나 되는 갑옷과 투구에 눌려 있던 프랑스 군의 중무장 부대는, 사실 체력전에서 이미 패했던 셈이다. 조직을 관리하는 사람에게 체력 관리는 선택이 아니라 필수다. 체력이 약하면 정신에도 문제가 생겨 건전한 판단을 할 수 없기 때문이다.

셋째는 치기治氣, 즉 사기를 다스리는 것이다. 아군의 사기는 높이고 적의 사기는 꺾어야 한다. 사기는 전쟁의 승패를 좌우하는 결정적인 요소다. 헨리 5세의 멋진 연설은 바닥에 떨어져 있던 병사들의 사기를 높여 다시 싸울 용기를 주었다.

마지막으로 치변治變이다. 이것은 상황의 변화를 잘 다스리라는 말이다. 전장에서의 상황은 언제고 변할 수 있다. 그때그때의 상황을 제대로 판단하여 융통성 있게 대처해야 한다. 리더가 변화를 다스리지 못하면 그 싸움은 진 것이다.

이렇게 치심, 치력, 치기, 치변을 '사치四治'라 하는데, 이 네 가지는 둥근 고리처럼 돌고 돌며 서로 긴밀하게 연결이 되어 있다. 마음을 다스리지 못하면 장수가 엉뚱한 명령을 내려 병사들이 이리 저리 헤매며 체력이 고갈된다. 그러면 사기가 떨어지며, 변화되는 상황에 적절히 대처하지도 못하게 되는 것이다. 이 중에서도 특히 기억해야 할 것은 네 가지 다스림의 시작이 치심에서 비롯된다는 사실이다. 치심에 실패하면 그 외의 것은 아무 소용이 없다. 그래서 위기에 처해 있을 때는 사람의 마음을 잡는 노력이 가장 급선무다. 그런 의미에서 말, 특히 멋진 연설은 매우 중요한 역할을 한다.

달변보다 중요한 것은 진심이다

　2011년 미국 애리조나 총기 난사 사건이 났을 때 오바마 대통령은 추모 연설에서 숨진 크리스티나 그린을 언급하며 '나는 우리의 민주주의가 크리스티나가 상상한 것과 같이 좋았으면 한다'면서 '우리 모두는 아이들의 기대에 부응하는 나라를 만들기 위해 최선을 다해야 한다'고 소리를 높였다.

　그러다 그는 연설을 중단했고, 10초 후 오른쪽을 쳐다본 뒤 20초후 심호흡을 했으며, 30초 후에 눈을 깜빡이기 시작했다. 이렇게 51초간의 침묵이 흐른 뒤 그는 다시 비장한 어조로 연설을 이어갔다. 이 '침묵의 51초'는 사람들의 마음을 온통 흔들어놓았다.

　대표적인 보수 논객인 폭스 뉴스의 글렌 벡은 '그가 했던 연설 가운데 최고일 것'이라고 치켜세웠다. 오바마 대통령은 대중 연설에서 불필요한 감정을 드러내지 않는 성향을 가진 것으로 유명하다. 그런 그가 51초간 침묵하며 자신을 추스르는 모습을 보여준 것은 두 딸을 가진 아버지의 마음을 진실되게 전하며 국민의 마음을 녹여낸 명연설이었다.

　우리는 흔히 말 잘하는 사람이 모든 것을 얻는 것처럼 생각한다. 하지만 이처럼 침묵도 언어가 된다. 사람의 마음을 움직이는 연설은 미사여구로 잘 다듬은 원고나 현란한 말솜씨가 아니다. 연설하는 사람이 정말로 저 깊은 곳에서 우러나오는 '진짜 마음'을 말하고 있다고 믿을 때 사람들은 감동한다. 말의 힘을 누구보다도 잘 알고 또한 천재적으로 활용했던 마오쩌둥도 이 점을 두고 이렇게 말했다.

"사람들이 진실을 말하고 있다고 믿게 한다면, 말더듬이도 대중을 선동할 수 있다."

말이 많다고 해서 좋은 것은 아니다. 말을 '많이' 하는 것과 '잘'하는 것은 명백히 다른 문제다. 잊지 말자, 내면을 움직이는 힘은 '진심'이라는 사실을.

적의 동지까지
내편으로 만드는 법

'휘이잉!' 무지막지하게 큰 돌들이 하늘을 난다. '꽝! 꽝!' 순식간에 와르르 성벽이 무너진다. 커다란 방패로 위와 옆을 가린 병사들이 마치 거북 등 같은 모양을 하고 성벽을 향해 전진한다. 성안의 병사들은 이들을 향해 뜨거운 물과 기름을 쏟아붓는다. 검붉은 화염과 시커먼 연기가 하늘을 뒤덮는다. 지옥이 따로 없다.

성을 공격하는 공성전攻城戰 장면이다. 이러한 공성전을 벌이면 이기는 편이든 지는 편이든 많은 피해를 입을 수밖에 없다. 가능한 한 이런 전쟁은 피해야 한다. 그러기 위해서는 꾀가 필요하다. 꾀가 있으면 피를 흘리지 않고도 승리할 수 있다. 피를 흘리지 않을수록 높은 단계의 전쟁 기술이라 할 수 있다.

그중에서도 가장 높은 단계의 기술을 활용하여 멋지게 성공한 좋은 예가 있다. 바로 철혈재상鐵血宰相이라 불린 비스마르크Bismarck가 뛰어난 외교술을 발휘하여 독일 통일의 기초를 마련한 것이 그것이다. 프로이센을 중심으로 한 독일연방만이 독일의 미래를 보장해줄 수 있다고 굳게 믿고 있었던 비스마르크는, 도움이 될 것이라 판단되는 사람은 정적政敵이라도 자기편으로 만들었다. 예컨대 그는 사회주의자를 혐오했으면서도 1863년 독일 최초의 사회당인 독일노동자연맹을 창설한 페르디난트 라살과 친분을 쌓기도 했다.

독일 통일을 위해 프로이센이 상대해야 하는 주변국은 오스트리아, 러시아, 프랑스였다. 그는 먼저 오스트리아를 겨냥했다. 그는 당시 헝가리를 통치하던 오스트리아의 합스부르크 왕가에 항거하는 헝가리 혁명주의자들과 깊이 접촉해 오스트리아에 불안감을 심어주었다. 반면 러시아를 끌어들이는 외교술을 발휘했다. 1863년 1월 폴란드에서 항거가 발생하자 재빨리 러시아 편을 들어 지지했는데 이는 훗날 독일 통일의 든든한 후원자를 확보하기 위한 것이었다. 다음으로는 프랑스를 우군으로 끌어들일 차례였다. 그는 1865년 프랑스와 자유무역협정FTA을 체결하여 우의를 다졌고, 나폴레옹 3세를 직접 만나기도 했다.

이렇게 하여 강력한 이웃인 러시아와 프랑스에게서 내정불간섭을 보장받자, 비스마르크는 1866년 6월 17일 선전포고를 하고 오스트리아를 공격했다. 이것이 보오전쟁普奧戰爭(프로이센-오스트리아 전쟁, 7년 전쟁이라고도 한다)이다. 프로이센이 이 전쟁에서 승리하자 프로이센의 군부는 계속 오스트리아를 공격해 전멸시킬 것을 주장했다. 하지만 전쟁이 길어질 경우 다른 나라의 개입이 있을 것이라 우려한 비스마르크는 전쟁을 마무리했다.

이제 비스마르크에게 있어 유일한 걸림돌은 프랑스였다. 1870년 공석 중인 스페인 왕위 계승 문제가 발생하자 비스마르크는 의도적으로 프랑스가 꺼리는 인물을 지지한 후, 7월 14일 프랑스와 전쟁을 시작했다. 이것이 보불전쟁普佛戰爭(프로이센-프랑스 전쟁)이다. 전쟁을 시작하자 비스마르크의 외교적 수완으로 프로이센의 편이 된 남부 독일 국가들이 즉각 가담했고, 결국 프랑스는 무릎을 꿇었다.

1871년 1월 18일, 포성이 아직도 그치지 않은 가운데 베르사유 궁전에서는 빌헬름 1세를 황제로 추대한 독일 통일이 선포되었다. 이처럼 독일의 통일은 외교의 달인 비스마르크에 의해 이루어진 치밀하고도 원대한 외교의 승리였다.

伐謀 伐交 伐兵 攻城
벌 모　벌 교　벌 병　공 성

꾀를 치고, 동맹을 치고, 병력을 치고, 성을 공격한다.

— 모공(謀攻) 제3편

《손자병법》모공謀攻 제3편에서는 전쟁을 하는 방법 네 가지를 이야기한다. 벌모伐謀, 벌교伐交, 벌병伐兵 그리고 공성攻城이다.

벌모라는 것은 상대방의 꾀를 꺾는 것이다. 아예 내게 덤빌 생각조차 먹지 못하게 하는 것이다. 할 수만 있다면 가장 좋은 방법이다.

벌교는 상대방의 주변에 있는 동맹 관계를 끊어버리는 것이다. 비스마르크의 외교술이 여기에 해당한다. 이때 적의 동맹국을 잘 구슬러 내 편으로 끌어들일 수 있다면 더욱 이롭다.

벌병은 병력을 보내어 싸우는 실제적인 전쟁에 해당한다. 이때부터 피도 흘리고 건물도 깨지는 등 눈에 보이는 피해가 발생한다.

공성은 성에 있는 적을 공격하는 것이다. 가장 많은 피해가 발생되며, 가장 어렵게 진행되는 전쟁이다. 가급적 공성만은 피해야 한다.

가능한 실제적인 피를 흘리지 않는 벌모나 벌교 단계에서 승리를 얻어내고 마무리하는 것이 좋다. 현명한 사람은 이 단계의 부전승을 달성하는 것을 최상의 목표로 한다.

상대도 나도 다치지 않는 길을 찾아라

인생은 아슬아슬한 전쟁터에 비유할 수 있다. 언제 어디서 총알이 날아올지 알 수 없으며, 피하려 해도 피할 수 없는 일들도 있다. 아무 곳에나 발을 디뎌서도 안 된다. 어디에 지뢰가 묻혀 있을지 알 수 없기 때문이다. 잘 달리고 있다 싶은데 갑자기 철조망이 앞을 가로막는 일도 있으며, 때로는 뛰어든 참호 속이 온통 흙탕물일 때도 있을 것이다. 사방에서 피비린내가 코를 찌른다. 바람은 불고 비도 오는데, 피할 곳도 마땅찮은 데다 배도 고프고 외롭다.

한 치 앞도 보이지 않는 어둠 속에서 두 눈을 부릅뜨고 서서 날이 새기만 기다리고 있는 것 같을 때도 있다. 고통스럽다. 바로 이러한 전쟁터가 우리가 살아가고 있는 인생이다. 그렇다고 해서 포기할 수는 없다. 어떻게든 살아가야 한다. 승리자로 말이다.

이왕 치러야 할 전투라면, 피할 수 없는 경쟁이라면 가급적 상대도 나도 망가지지 않는 길을 찾아야 한다. 그러지 않으면 승자가 되든 패자가 되든 피해가 남게 되기 때문이다. 가능하면 서로에게 이익이 되는 경쟁을 하는 편이 좋을 것이다. 손자가 벌모나 벌교의 경쟁 방법을 추천하는 것도 그런 이유에서다.

그런데 경쟁자의 꾀를 꺾는 것이 그리 간단한 일은 아닐 것이다. 누가 가르쳐준다고 해서 되는 일도 아니다. 그때그때의 환경과 조건에 맞는 방법을 찾아 부단히 머리를 써야만 가능하고 지속적인 연습이 필요한 일이다.

나를 감추고 상대를
드러내는 화술

"우리가 승리했다!"

이 유명한 말이 마라톤 경주의 시작이 되었다. 마라톤에서 아테네까지 달려 마라톤 전투의 승전보를 전한 병사는 페이디피데스라 알려져 있다. 마라톤 전투는 기원전 490년 제2차 그리스-페르시아 전쟁 당시 아테네의 밀티아데스가 지휘하는 아테네 군이 마라톤 평원에서 페르시아 군을 무찌른 전투이다. 결과적으로 동양의 페르시아로부터 아테네, 나아가 서양을 지켜낸 이 전투는 한 장수의 멋진 설득에서부터 시작되었다.

기원전 492년 제1차 그리스-페르시아 전쟁에서 실패한 다리우스

1세는 2년 후 다시 군대를 이끌고 그리스의 마라톤 해안에 상륙했다. 이것은 전쟁 역사상 최초의 상륙 작전이었다. 페르시아 군의 침공 소식을 전해 들은 아테네의 자유민들은 공포에 휩싸였다.

당시 아테네 국민의 일반적인 감정은 반 페르시아적이었으나, 정치 지도자들은 친 페르시아계와 반 페르시아계로 양분돼 있어 성 밖으로 나가서 적을 요격할 것인지, 아니면 성에 틀어박혀 농성전을 벌일지에 대해 논란이 벌어졌다. 이때 밀티아데스Miltiades는 최종 결정권자인 문관 칼리마코스Callimachus를 찾아가 얘기했다.

"칼리마코스여, 바야흐로 아테네가 노예로 전락할 것이냐, 아니면 그 자유를 확보하고 하르모디오스와 아리스토게이톤 두 사람조차 남기지 못했던 찬란한 업적을 세워 후세에 전할 것이냐 하는 것은 오직 그대에게 달려 있소."

이처럼 밀티아데스는 우선 자신을 낮췄다. 그리고 차분하게 칼리마코스의 성격을 건드렸다. 칼리마코스는 누구보다도 명예를 중시하고 자긍심이 강한 사람이었다. 밀티아데스는 그런 칼리마코스에 대해 잘 알기에 그를 잘 드러낼 수 있는 근거를 제시하면서 설득에 들어갔다.

첫째, 대의명분을 내세웠다. 무조건 싸우자는 게 아니라 '자유를 위해' 전쟁을 해야 한다고 했다. 보다 큰 가치를 내걸었던 것이다. 이는 가치를 중시하는 칼리마코스 같은 사람에게 잘 먹힌다.

둘째, 누구나 인정하고 존경하는 사람들을 내세워 주장에 힘을 실었다. 여기에 나오는 하르모디오스와 아리스토게이톤은 독재자 히파르코스를 죽인 영웅이었다. 그와 같은 반열에 칼리마코스를 세우겠다는 것이다. 이 또한 명예욕이 강한 칼리마코스의 마음을 끌었다.

셋째, 자신의 경험을 최대한 이용했다. 밀티아데스의 장점은 그가 1차 페르시아 전쟁에 직접 참전했다는 것이었다. 이런 경우는 어떤 것보다도 설득력이 높다.

결국 이런 설득의 기술로 그는 마침내 칼리마코스의 마음을 움직였고, 아테네 군의 출격이 결정되었다. 만약 이때 출격하지 않았다면 아마도 그리스의 운명은 다른 곳으로 흘러갔을 것이다.

아테네 군은 밀티아데스의 지휘 하에 마라톤으로 향했다. 기원전 490년 9월 4일의 일이다. 아테네의 군사는 약 1만 명이었고, 페르시아의 군사는 약 4만 명 정도였다. 이때 밀티아데스는 아주 절묘한 작전을 구상했다. 페르시아 군의 중앙에 있는 주력을 유인하여 붙잡아놓은 다음 좌우 양쪽에 있는 군사들로 포위하려는 작전이었다.

전투는 처음부터 혼전이었다. 하지만 결국 밀티아데스의 의도대로 전개되었다. 아테네 군은 중앙을 돌파당했지만, 좌우 양쪽의 군사들이 페르시아 군을 포위하는 데 성공했다. 그 다음부터는 아테네 군의 일방적인 살육이 시작되었다. 이 전투로 페르시아 군은 6,400명이 전사했지만, 아테네 군은 192명이 전사했을 뿐이었다.

마라톤 전투는 동양과 서양이 벌인 최초의 본격 전쟁이었다. 그리스 군은 마라톤 전투에서 '아테네'만 지킨 것이 아니라 '유럽'을 지켜낸 것이다. 그러므로 마라톤 전투에서 유래한 마라톤의 출발선은 단순한 마라톤 경주의 출발선이 아니라 오늘날 우리가 알고 있는 유럽의 출발점이기도 하다. 만약 밀티아데스가 뛰어난 화술로 칼리마코스를 설득하지 못했다면 유럽의 모습은 오늘날과 많이 달랐을지도 모른다.

形人而我無形
형 인 이 아 무 형

상대방은 드러내서 보이게 하고,
나는 숨어서 그 형체를 감춘다.

— 허실(虛實) 제6편

손자는 허실虛實 편에서 적과 마주할 때 적의 모습은 겉으로 드러나게 하고, 나의 형체는 가리라고 얘기한다. 적의 모습을 드러나게 한다는 것은 무엇을 의미하는 걸까? 적에게 소규모의 병력이나 화력을 투입해서 자극을 주었다고 하자. 만약 적이 곧바로 반응을 보이면 현재 적이 어디에 배치되어 있는지, 진지의 형태는 어떤지, 또한 적이 사용하는 무기는 무엇인지 금방 알 수 있다. 이런 것들을 알게 되면 적을 상대하기가 아주 쉬워진다.

반면 '내 모습은 철저하게 숨기라'고 하고 있다. 적이 어떤 수작을 부리더라도 거기에 넘어가지 않고 묵묵하게 나를 지키면 적은 나에 대해서 아무것도 몰라 상대적으로 불리해진다. 특히 손자는 이 부분에 대해서 나의 형태는 '무형無形' 즉 형태가 아예 없는 수준까지 감추라고 강조하고 있다.

상대가 원하는 것부터 파악하라

손자의 이 논리는 단순히 전쟁 상황에만 해당되는 것이 아니라 화술에서도 의미가 있다. 다른 누군가에게 나의 논리를 이해시키고 공감을 얻어내는 것이 화술의 핵심이다. 그러기 위해서는 손자가 말한 것처럼 상대방의 특성이나 원하는 것은 알아내면서, 나의 의도는 숨겨야 한다.

우선 상대방의 성격적 특징을 잘 파악하는 것이 첫 번째로 해야 할 일이다. 성격이 고지식하고 원칙주의자인지, 다혈질인지, 아니면 차분하게 곰곰이 생각해 계획적으로 일처리를 하는 사람인지 등등. 이렇게 사람의 성격을 파악해서 그에 맞춰 협상을 유리한 방향으로 이끌어가야 한다. 예컨대 성격이 불같은 사람에게 막무가내로 '내 방식대로 합시다'라고 한다면 그가 버럭 화를 내거나 말문을 닫아버릴지도 모른다. 반대로 원칙주의자에게 '우리가 힘을 합하면 꼼수도 통할 겁니다'라고 한다면 어떻겠는가? 상대방이 마음의 문부터 닫지 않겠는가? 그러니 성격 파악이 중요하다는 것이다. 이를 기반으로 상대가 무엇을 원하는지를 파악해야 한다.

밀티아데스가 칼리마코스를 설득할 때도 이러한 기술을 잘 적용시켰다. 그는 자신의 영웅적인 모습은 감춘 채, 칼리마코스의 자기 과시욕을 자극해 원하는 것을 얻었다.

이러한 기술은 모든 협상 테이블에 적용된다. 정리하면 상대방에 초점을 맞추어 그를 파악하는 것이 처음이고, 이를 바탕으로 상대가 나에게 방화벽을 쌓지 않도록 상대방의 스타일에 맞춰줌으로써 그가 원하는 것이 무엇인지를 알아내는 것이다. 이렇게 하면 누구든 그 협상의 주도권을 쥐고 갈 수 있다.

인간관계가 모든 일의 성패를 가른다

"세상에 그 어떤 가치를 지불하고서라도 얻고 싶은 것이 있다면 그것은 바로 인간관계다."

록펠러의 말이다. 우리 삶에서 '인간人間' 즉 '사람과 사람 사이'만큼 중요한 것이 있을까? 사실 인간관계를 잘 유지하는 것은 가장 난해한 삶의 영역이다. 그럼에도 사람은 혼자서 무언가를 해내기에 부족한 존재이므로, 어떤 일을 성공시키려면 사람을 잘 이해하고 적절한 관계를 유지하는 것을 무엇보다도 우선하여야 한다.

타넨베르크 전투를 보면 어그러진 인간관계가 전쟁의 승패나 나라의 존망에 얼마나 큰 영향을 줄 수 있는지 잘 알 수 있다. 타넨베르크 전투는 제1차 세계대전 중, 1914년 8월 26일부터 8월 31일까지 동부 전선의 독일을 침공한 러시아가 독일에게 참패한 전투다. 이 싸움으로 러시아 2군은 거의 전멸 지경에 이르렀다. 패인은 여러 가지이지만 특히 주목할 것은 러시아 군을 지휘한 두 사령관의 불화였다.

러시아의 1군 사령관 레넨캄프는 유능하고 용맹했지만 거만했다. 한편 2군 사령관 삼소노프는 지휘관의 자질도 부족하고 큰 부대를 지휘해본 경험도 없는 사람이었다. 게다가 고질적인 천식 환자였다. 그런데 그보다 더 불운한 문제는 상반되는 성격의 두 지휘관이 앙숙 관계라는 것이었다.

그들이 원수가 된 것은 러일전쟁 때부터였다. 펑톈奉天 전투 중 삼소노프가 다급한 지원 요청을 했는데, 레넨캄프가 들어주지 않았던 것이 발단이 되었다. 중국의 펑톈역에서 우연히 레넨캄프를 마주친 삼소노프는 격분하여 뺨을 후려쳤다. 그것을 시작으로 둘은 진흙탕 속을 뒹굴며 싸우는 추태를 보이고 말았다. 그런데 그 장면을 당시 관전무관으로 있던 독일의 호프만 중령이 우연히 보았다. 그리고 이 우연이 결국 타넨베르크 전투에 결정적인 영향을 미쳤다.

타넨베르크 전투가 벌어졌을 때 독일의 국경인 굼비넨을 손에 넣은 레넨캄프의 1군은 더 이상 전진하지 않고 빈둥거리고 있었다. 같은 시간, 훨씬 남쪽에 위치한 삼소노프의 러시아 2군 또한 느림보 걸음으로 움직이고 있었다. 급하게 군대를 동원하기는 했지만 보급 상황은 엉망이었다. 군화는 물론이고, 심지어 소총조차 지급받지 못한

156
서른과 마흔 사이 인생병법

병사도 있었다. 러시아 군끼리의 통신은 완전히 두절된 상태였다. 러시아 군 최고 사령부는 독일군의 동태 파악은커녕, 예하 부대의 위치도 파악하지 못하고 있었다.

그런데 이처럼 엉성한 러시아 군의 움직임을 지켜보는 눈이 하나 있었으니, 전쟁 역사상 처음 사용된 독일군의 정찰기였다. 뿐만 아니라 독일군 사령부는 이미 러시아 군의 통신 전문을 포착하여 이들의 움직임을 제 손바닥처럼 들여다보고 있었다.

이때 독일군의 작전 참모 호프만은 대담한 전략을 세웠다. 러시아 제1군 앞에는 기병 사단 1개만 남겨놓고, 나머지 11개 사단 총병력을 동원하여 러시아 제2군을 포위 공격하겠다는 것이었다. 사실 이 계획은 거의 도박에 가까운 것이었다. 레넨캄프가 삼소노프와 앙숙 관계를 고수하여, 도와주지 않을 것이라는 점을 전제로 한 계획이었기 때문이다. 진행 과정에서 여러 번의 차질이 빚어졌지만 호프만은 결국 성공했다. 만약 레넨캄프가 삼소노프와의 개인적 감정을 잊고 남하하여 2군을 지원하기만 했더라면 러시아가 승리할 수도 있었을 것이다.

이 전투에서 러시아 군은 약 10만 명이 전사했고, 12만 5,000명이 포로가 되었다. 반면 독일군의 전사자는 1, 2만 명에 그쳤다. 25만 명의 러시아 군이 고작 3만 명의 독일군에게 당했던 것이다. 전사상 유례를 찾기 어려운 패배전이라 할 수 있다. 이후 삼소노프는 숲속에 들어가 권총으로 자살을 했고, 레넨캄프는 군의 명예를 더럽혔다는 이유로 군적을 박탈당했다.

善用兵者 携手若使一人
선 용 병 자 휴 수 약 사 일 인

병사를 잘 쓰는 자는 마치 한 사람처럼
손에 손을 잡고 협력하게 한다.

— 구지(九地) 제11편

손자가 말하는 것처럼 조직원들이 '마치 한 사람인 것처럼' 협력할 수만 있다면, 그 어떤 어려움도 극복해나갈 수 있을 것이며 성과도 좋을 것이다. 그래서 평소 서로 아끼고 신뢰하는 인간관계를 형성해놓는 것이 무엇보다도 중요하다.

조직 관리를 잘하는 리더는 조직이 '한 사람'처럼 움직이게 한다. 그러기 위해 리더는 조직 관리를 할 때 어떻게 하면 개개의 조직원들이 서로 협력하도록 할 수 있을 것인가를 고민해야 한다. 또한 조직원들로 팀을 만들어 임무를 지시할 때도 팀원 사이의 관계가 좋은지 나쁜지 면밀히 살펴야 한다. 자칫 레넨캄프와 삼소노프처럼 감정이 정리되지 못한 사람들을 한 팀에 넣었다가는 타넨베르크의 재앙 같은 사태를 초래할 수도 있기 때문이다.

개개의 존재가 만나 '하나'가 되는 형태에는 조직체와 유기체가 있다. '한 사람'처럼 협력하도록 하려면 조직체가 아니라 유기체와 같이 되도록 해야 한다.

조직체는 서로 다른 존재들을 인위적으로 구성하여 하나의 집합체로 만든 것이다. 반면 유기체는 태생적으로 하나인 집합체다. 세포까지 서로 연결되어 살아 움직이는 하나의 생명 공동체다. 그렇기에 조직체는 상황에 따라 쉽게 붕괴될 수 있지만 유기체는 좀처럼 분리되지 않는다. 인간관계가 좋은 조직은 조직체를 넘어서 유기체를 이룬다.

관계를 개선하는 열 가지 법칙

카네기 재단은 인간관계의 중요성에 대해 이렇게 말한 바 있다.

"인생의 성공과 실패의 최대 요인은 인간관계다."

이는 매번 듣는 말인데도 들을 때마다 새롭다. 그것은 중요성은 알지만 좋은 인간관계를 유지한다는 것이 그만큼 어려운 일이기 때문 아닐까?

어떻게 하면 좋은 인간관계를 유지할 수 있을까? 사실 이에 대한 정답은 없다. 하지만 지금까지 많은 이들이 인간관계 성공의 법칙에 대해서 이야기한 것들을 살펴 공통되는 10가지 정도는 꼽아볼 수 있다.

첫째, 말을 걸어라. 활기차고 즐거운 인사말보다 사람을 기분 좋게 하는 것은 없다.

둘째, 미소를 보내라. 찡그리는 데는 얼굴 근육 72개가 필요하지만, 웃는 데는 단 14개면 된다. 웃는 사람 얼굴에 침 못 뱉는다. 일단 웃어라.

셋째, 이름을 불러주어라. 사람의 이름만큼 아름다운 음악이 없다. 누가 자기 이름을 기억하고 불러주면 괜히 기분이 좋은 법이다.

넷째, 친절한 마음으로 대하라. 친절만큼 가슴을 따뜻하게 하는 것은 없다.

다섯째, 성심성의껏 대하라. 건성으로 사람을 대하지 말고 진심을 담아 말하고 행동하라. 진심이 담긴 말과 행동은 상대방이 금방 알게 된다.

여섯째, 칭찬하라. 칭찬은 인격의 여유이고, 배려다. 아무리 나이가 많은 사람도 칭찬을 받으면 기분이 좋아진다. 세상에 수지맞는 일은 칭찬 한 번으로 얻어지는 많은 이익이다.

일곱째, 주변을 둘러보고 관심을 가져라. 마음만 먹으면 모든 사람과 친해질 수 있다. 문제는 사람에 대한 관심이다.

여덟째, 감정을 존중하라. 내 감정만 소중하다 생각하여 상대방 감정을 무시하지 마라. 내가 속이 상하면 상대도 상한다. 사랑과 미움은 종이 한 장 차이다.

아홉째, 의견을 존중하라. 절대로 상대방의 말을 무시하는 태도를 보이지 마라. 무시당해도 기분 좋은 사람은 아무도 없다. 의견이 다르더라도 절대로 인격적인 부분은 건드리지 마라.

열째, 봉사하라. 함께 좋은 일을 하다 보면 친해진다. 자주 만나면

정이 든다. 서로의 단점을 이해하게 되고 나중에는 허물도 자연스럽
게 덮게 된다.

상황과 상대에 따라 달라질 수 있을 것이고, 노력해야 하는 정도
도 차이가 있겠지만, 이 10가지를 꾸준히 실천한다면 인간관계를 풍
요롭게 이끌어가는 데 도움이 될 것이다. 가장 쉬워 보이는 일부터 하
나하나 실행해보자. 지금부터.

사람을 얻는 자,
천하를 지배한다

널리 알려진 '손 안의 새'라는 우화가 있다. 손 안에 울지 않는 새가 한 마리 있을 때 일본 전국시대를 대표한 세 명의 무장들이라면 어떻게 했을까에 대한 이야기로, 그 세 무장의 성격을 단적으로 짚어낸 우화이다.

"단칼에 베어버리겠다!"

오다 노부나가織田信長는 이렇게 말했다. 문제가 있으면 과감하게 결심해서 행동으로 옮기는 성격을 보여준다.

"울지 않으면 울게 만들겠다!"

도요토미 히데요시豊臣秀吉가 말했다. 온갖 지혜를 짜내어 수단과 방법을 가리지 않고 목적을 달성하는 성격을 보여준다.

"울 때까지 기다린다."

도쿠가와 이에야스德川家康가 말했다. 때가 아니면 때를 기다리겠다는 인내의 성격을 보여준다.

과연 그들은 성격대로 운명을 맞이했다. 개혁과 용기로 일본의 절반을 지배하며 통일 일본의 기틀을 마련했던 오다 노부나가는 부하의 배신에 자결로 생을 마감했다. 추운 겨울이면 오다 노부나가의 신발을 가슴에 품어 따뜻하게 내놓을 정도로 영악했던 도요토미 히데요시는, 조선 정벌의 실패와 후계 책봉의 실패로 공들여 쌓은 업적을 도쿠가와 이에야스에게 넘겨주어야 했다. 도요토미 히데요시가 죽자 몸을 잔뜩 낮추고 자신의 때를 기다렸던 도쿠가와 이에야스는 통일 국가를 고스란히 이어받았다. 그래서 이런 말이 있다. 노부나가가 반죽한 밀가루로 히데요시가 열심히 떡을 만들었고 이에야스가 날름 집어먹었다고.

가장 바람직한 유형은 어떤 유형일까? 제일은 노부나가의 용기와 추진력, 히데요시의 지혜와 분석력, 이에야스의 뚝심과 인내력을 모두 갖춘 유형일 것이다. 그러나 이것이 현실적으로 어렵다면 아무래도 이에야스의 뚝심과 인내력을 첫 번째로 세울 만하다. 세키가하라 전투는 그런 그에게 매료된 상대편 장수들이 자신들의 주군을 배반하면서 결판이 난 전투다. 그는 이 전투의 승리로 사실상 확고부동한 승자의 자리에 올라 에도 막부를 세우는 발판을 다졌다.

세키가하라 전투는 1600년 음력 9월 15일 일본 아즈치모모야마 시대에 일어났다. 전쟁은 도요토미 히데요시가 죽은 뒤 도쿠가와 이에야스 파와 이시다 미쓰나리 파가 빈 권좌를 놓고 싸우면서 시작되었다. 일반적으로 이에야스 측을 동군이라 했고, 미쓰나리 측을 서군이라 불렀다. 동군 8만 2,000명, 서군 10만 4,000명 도합 18만 명이 넘는 대병력이 한판 승부를 가리기 위해 좁은 세키가하라의 분지에 집결했다. 미쓰나리의 서군은 동군을 학익진鶴翼陣(학이 날개를 편 듯 치는 진, 적을 에워싸기에 좋은 진이다)의 형태로 둥글게 감싸 안고 있어서 지형적으로 매우 유리했다. 숫자도 훨씬 많았다. 반면 이에야스의 동군은 그 안의 골짜기에 갇힌 형태라 운신도 어려운 상황이었다. 짙은 안개 속에서 2시간 정도 대치가 이어졌다. 안개가 걷힐 때쯤 동군에 속한 소부대가 서군의 주력인 우키타 부대를 향해 발포하면서 세키가하라는 순식간에 격전의 장소로 변했다.

학익진 형태로 배치된 미쓰나리의 서군을 보면, 남쪽의 마쓰오 산에는 히데아키 부대가, 동쪽의 난구 산에는 모리 부대가 있었다. 특히 모리 부대는 이에야스의 동군 바로 뒤쪽에 위치하고 있었기 때문에 매우 위협적이었다. 만약 이 두 부대가 동군의 측면과 배후를 동시에 타격했다면 서군이 쉽게 승리했을지도 모른다.

그런데 문제가 발생했다. 동군의 뒤쪽에서 결정타를 날려야 하는 모리 부대가 앞으로 진출하지 못하고 있었다. 그 길을 가로막고 있던 히로이에가 이에야스 측과 은밀히 내통하고 있었기 때문이었다.

이제 유일한 희망은 남쪽 마쓰오 산에 있는 히데아키뿐이었다. 그런데 정오가 지났는데도 히데아키 부대가 움직이지 않았다. 그 시간 히데아키는 어떻게 할까 고민하고 있었다. 히데아키가 움직이지 않자 이에야스는 초조한 마음에 그를 자극하기 위해 위협 사격을 했다. 깜짝 놀란 히데아키는 순간 이에야스의 편으로 마음을 정했다. 그리고 곧장 산에서 내려와 서군인 요시쓰구 부대의 우익을 공격했다. 서군으로서는 충격적인 일이었다. 그런데 이렇게 되자 그때까지 관망하던 서군의 여러 부대들이 이에야스의 동군으로 돌아서고 말았다. 그들 역시 이에야스와 미쓰나리를 놓고 저울질하고 있었던 것이다.

예측 못한 여러 부대의 배신으로 전황은 순식간에 바뀌었다. 서군은 일찍이 유리한 학익진을 형성하여 동군을 골짜기에 가둬놓았지만, 날개 부분에 해당하던 상당수의 무장들이 배신하거나 방관하면서 전투는 순식간에 동군의 대승으로 결판이 났다. 단 하루만의 결전으로 일본의 역사가 바뀐 것이다.

無所不用間也
무 소 불 용 간 야

간첩을 사용하지 않은 곳이 없다.
—용간(用間) 제13편

《손자병법》용간用間 제13편에는 간첩의 종류와 그 활용에 대해 자세히 나와 있다. 간첩의 종류를 다섯 가지로 구분해, 향간鄕間, 내간內間, 반간反間, 사간死間, 생간生間 등 오간五間으로 부르고 있다. 향간은 적국의 주민을 이용하는 것으로 이른바 고정 간첩을 말한다.

이 중 이간을 위해 주로 사용되는 간첩은 내간內間이다. 적의 지휘부에서 근무하고 있는 관리를 포섭해 이간질시키는 것이다. 관리는 평소에 군주 및 지휘부와 신뢰 관계를 가지고 있다. 이런 사람이 마음먹고 이간질을 하면 거의 대부분 먹혀든다. 내간은 적 지휘부 사람들끼리 서로 믿지 못하도록 이간질을 하되 가능하면 그들을 내 편으로 끌어들이는 일까지 한다.

실제로 이에야스는 세키가하라 전투 이전에 이미 이런 간첩들을 활용해서 도요토미 히데요시의 보살핌을 받고 있던 많은 장수들을 자기 편으로 끌어들여 놓았다. 특히 마시타 나가모리增田長盛와 마에다 겐이前田玄以 같은 장수들은 미쓰나리 파에 있으면서 도요토미 히데요시 정권에 있었던 자들이었다. 이들은 세키가하라 전투 당시 서군에 속해 있었지만 실제 전투에는 참가하지 않았고, 심지어 서군의 중요한 정보를 빼돌려 이에야스에게 제공했다는 설도 있다.

이와 같이 잘 싸우는 자는 적 내부를 혼란시키고, 친한 사람끼리 이간을 하며, 사람을 내 편으로 끌어들여 유리한 태세로 만드는 것이다. 이에야스는 바로 이런 방법으로 적의 사람까지 아군으로 만들어 천하를 쥘 수 있었다. 결국 간자를 쓰는 것은 얼마나 많은 사람을 내 편으로 끌어들일 수 있느냐가 핵심이다.

위기일수록 사람을 보듬어 안아라

간자를 두는 목적은 크게 두 가지다.

첫째는, 정보를 얻기 위함이다. 결정적인 정보 하나는 전쟁의 흐름을 바꿀 수 있고, 나아가 나라의 운명까지 뒤집을 수 있다.

둘째는, 사람을 얻기 위함이다. 적의 사람을 서로 이간시키거나, 주요 인물을 제거하거나, 혹은 내 편으로 만들어 포섭하는 것이다.

아무리 절망적인 위기가 닥쳐도 사람만 있다면 그래도 희망은 있다. 지금은 미국뿐 아니라 유럽, 아니 전 세계가 글로벌 위기를 맞아 힘들어 하고 있는 시기다. 여기를 봐도, 저기를 봐도 모두 힘들다고 한다. 하지만 그렇다고 해서 주저앉을 수는 없다. 어쨌든 살아남아야 하니까. 이런 순간 믿을 것은 사람뿐이다.

어려우면 어려울수록 사람에게 투자를 많이 해야 한다. 결국 그게 가장 빨리 일어서는 비결이다. 당장에는 효과를 볼 수 없을지 몰라도 반드시 좋은 결과가 따른다. 사람에게 투자하는 것만큼 확실한 투자는 없기 때문이다. 상사는 직원 한 사람 한 사람의 신상에 관심을 가져야 한다. 지금 당장 고통받는 것이 없는지, 집안에 아픈 사람은 없는지, 지금 당장 회사가 도와줘야 할 것이 무엇인지 등등. 이렇게 아주 사소한 것까지도 신경을 써주는 상사가 있다면, 직원들은 아무리 힘들고 어려운 상황에서도 새 힘을 얻을 수 있다.

167

人　　生　　兵　　法

겸손한 사람은 흥하고 교만한 사람은 망하는 것이 세상의 이치이다. 그러니 상대방을 망하게 하는 가장 손쉬운 방법 중 하나는 교만한 마음이 들도록 부추기는 것이다. 어떻게 부추길까? 상대 앞에서 자신을 낮추면 된다. 한편 상대를 추켜주는 것은 나에게 필요한 것을 얻는 방법이기도 하다. 이순신 장군은 보다 중요하고 큰 것을 얻기 위해서는 자신의 자존심을 버리고 상대를 높여줄 필요가 있음을 보여주었다. 정말 중요하고 가치 있는 것을 위해서는 허리를 굽힐 줄도 알아야 한다. 상대의 자존심을 세워주어 얻어낼 것이 있다면, 나의 자존심은 잠시 내려놓을 수도 있어야 한다는 얘기다. 보다 큰 것을 생각하여 자신을 낮추는 사람들이 허리를 굽힐 때 자존감이 상할까? 진린 앞에서 고개를 숙이고, 잔치를 열어 대접하고, 승리까지 바친 이순신은 자존감이 상했을까? 아니다. 이들은 개인적인 자존심은 잠시 버릴지언정 자존감은 절대 잃지 않는다.

4장

처세,
탄탄한 마음의 중심

이익과 손해를
동시에 보는 눈

"고요한 밤 거룩한 밤 어둠에 묻힌 밤……"

1914년 12월 24일, 이프르에 있는 차디찬 전선의 적막을 뚫고 어디선가 크리스마스 캐럴이 들려왔다. 독일군 중 누군가가 부른 것이다. 상대 진영에 있던 영국 군도 이에 화답했다. 노래가 끝나자 독일군 장교가 진지에서 나와 영국 군 하사와 악수를 했다. 이를 두고 크리스마스 정전Christmas truce이라 부른다. 이 정전은 제1차 세계대전이 발발한 후 첫 번째 크리스마스에 영국 군과 독일군이 벨기에 이프르에서 행했던 무언無言의 정전이다. 처음에는 중간 지대에 첩첩이 쌓인 자기편 군인들의 시신을 회수하는 것으로 시작됐지만, 나중에는 상대편 진지까지 가서 크리스마스 선물을 주고받거나 축구 시합을 벌이기도 했다.

이 일이 있기 두 달 전인 10월 20일, 이프르에서 첫 번째 전투가 치열하게 벌어졌다. 이프르는 의류 교역으로 유명한 플랑드르 중부에 있는 중심 도시다. '플랑드르'는 프랑스 어로 '물에 잠긴 땅'을 뜻한다. 한 이프르는 영국과 프랑스의 연합군 측 해협에 있는 항구를 방어하기 위한 전략적 요충지였다. 만약 독일군에게 이 지역을 빼앗기면 상대적으로 기동하기 쉬운 플랑드르 평야로의 진출을 허용하는 것이나 마찬가지였기 때문이다.

그런데 10월 21일 독일군의 강력한 공격을 받은 연합군은 플랑드르 전선 전반에 걸쳐 후퇴하게 되었다. 플랑드르의 여러 해안 마을은 독일군의 공격으로 쑥대밭이 되었고, 벨기에 국왕인 알베르 1세Albert I도 플랑드르 해안가의 작은 마을로 피신해야 했다. 길을 연 독일군은 영국 군과 벨기에군이 방어선을 구축하고 있는 딕스마이데와 해안 요충지인 뉴포르트까지 위협했다. 파죽지세로 달리는 독일군의 진출 속도를 늦추지 않으면 연합군의 패배는 불을 보듯 뻔했다. 어떻게든 독일군의 진출 속도를 늦춰야 했던 알베르 왕은 마침내 특단의 조치를 취했다. 바닷물을 막고 있는 수문을 열어서 마을을 잠기게 하는 것이었다. 이럴 경우 수년간 플랑드르 주민들에게 심각한 고통을 줄 것이 확실했다. 그러나 결심을 굳힌 알베르 왕은 주저 없이 수문을 열라고 명령을 내렸다.

뉴포르트에 있는 중앙시스템의 주요 수문에 장착된 대형 다이너마

이트가 커다란 굉음과 함께 폭파되었다. 마을에 물이 차오르는 동안 연합군은 강의 제방이나 높은 곳으로 피신했다. 이때가 10월 27일이다. 마침 10월 29일이 보름이어서 조류가 가장 높았고 바닷물에 의한 홍수 효과는 최대로 나타났다. 일주일 안에 북해의 홍수는 뉴포르트부터 딕스마이데까지 무려 16㎞에 이르는 넓은 지역을 덮었다.

결국 독일군은 거대한 홍수의 장벽을 넘지 못했고, 전쟁은 지루한 참호전으로 돌입하게 되었다. 크리스마스 정전은 바로 이 플랑드르 홍수가 있은 지 두 달 후, 참호선 중간 지대에서 일어난 해프닝이었다.

홍수로 적의 진격을 늦추려 한 사례는 동양에도 있다. 1938년 중일전쟁 당시 수세에 몰린 장제스蔣介石는 화북에서 무한武漢을 향해 빠르게 남하하는 일본 군을 막기 위해, 황하黃河의 제방을 무너뜨렸다. '물로써 군대를 대신한다以水代兵'는 병법에 따른 것이었다. 제방을 무너뜨리는 것을 중국어로 결제決堤라 하는데, 장제스가 행한 결제는 6월 9일에 정주 북쪽 화원구에서 이루어져서 '화원구 결제'라고 부른다.

하지만 장제스의 작전은 성공하지 못했다. 처음에는 일본 군의 진격이 저지되는 듯했지만, 잠시 지연되었을 뿐 무한은 얼마 지나지 않아 점령당했다. 설상가상으로 무너진 제방은 큰 재앙을 불러왔다. 수일 후 상류 지역에 쏟아진 폭우로 제방이 무너진 지점에서 대규모 붕괴가 발생하면서 상상을 초월한 대홍수가 일어난 것이다.

그 일로 남한 면적의 절반을 넘는 지역이 침수되어 1,250만 명의 이재민과 89만 명의 사망자가 발생했다. 비극은 여기서 그치지 않았다.

처세, 탄탄한 마음의 중심

이때의 후유증으로 장장 9년 동안 하남성과 안휘성, 강소성 일대가 물에 잠겨 있었다.

알베르 1세와 장제스는 둘 다 물을 이용한 지연 전략을 시도했다. 그러나 결과는 확연히 달랐다. 알베르 1세는 성공했고 장제스는 실패했다. 이는 장제스가 수공의 해害는 생각지 못하고 수공의 이利에만 치우쳐 황하를 잘못 건드렸기 때문이다.

智者之慮 必雜於利害
지 자 지 려 필 잡 어 리 해

지혜가 있는 자는 반드시 이익과 손해의
양면을 동시에 생각한다.

—구변(九變) 제8편

손자는 어떻게 해야 할지 판단할 때에는 예상되는 측면의 한쪽만 보고 결정해서는 안 되며, 반드시 그 일이 불러올 이익과 손해를 모두 계산해야 한다고 충고했다. 세상의 어떤 일도 100% 좋은 결과만 가져오지는 않으며, 또 100% 나쁘기만 한 일도 없다. 그러니 한 면에만 치우쳐 속단하는 것은 금물이다. 이어지는 어구를 보면 왜 그래야 하는지 알 수 있다.

"이익을 생각함으로써 하는 일에 확신을 가질 수 있고雜於利 故務可信也, 손해를 생각함으로써 미리 근심을 풀 해법을 생각할 수 있다雜於害

故憂患可解也."

어떤 조치를 취하려 하는데 자신이 없거나 결과가 어찌 될지 알 수 없어 망설여질 때에는 그 일을 추진했을 때 따라올 이익을 계산해보면 힘을 얻을 수 있다. 이렇게 하면 확신을 가지고 일을 실행에 옮길 수 있다. 하지만 이때 반드시 그에 따를 손해도 계산에 넣어야 한다. 그래야만 이익이 더 클지 손해가 더 클지 생각할 수 있을 것이며, 아울러 손해되는 일을 최소화할 방안도 생각하게 될 것이기 때문이다.

벌어질 손해에 대해 미리 예측만 할 수 있다면 많은 부분에서 손해를 줄일 수 있다. 이렇게 하여 이익과 손해 양면을 동시에 계산하고 방도를 생각해둔다면, 어떤 일을 하더라도 자신감 있게 추진하여 안전하게 이룰 수 있을 것이다.

한쪽만 보고 단정 짓지 않는 지혜

현대인들은 모두 바쁘다. 시간을 쪼개 쓰며 잘 관리한다고 해도, 야근은 필수이고 휴일 근무는 선택이란 말이 나올 정도다. 상황이 이렇다 보니 어떤 결정을 내릴 때 깊이 생각하는 것이 사치스럽게 느껴지기도 한다. 그래서 일이건 사람이건 처음 판단한 것만 가지고 성급하게 단정해버리는 경우가 있다.

사람을 판단할 때도 그런 경우가 많다. 어떤 사람의 첫인상만 보고,

혹은 누군가의 말만 듣고는 그 사람에 대해 다 아는 것처럼 생각하고 행동할 때가 있다. 그러면 어떻게 될까? 그 행동 하나로 많은 것을 잃어버릴 수도 있다. 예를 들어 누군가가 팀에 새롭게 배정된 사람을 두고 이렇게 이야기를 했다 치자.

"새로 온 K 씨 있잖아……, 좀 잘난 척하는 것 같지 않아? 평소 우리랑은 말도 잘 안하잖아?"

이렇게 한 사람이 분위기를 몰아가면, 신중하지 못한 사람은 곧 솔깃해하며, '그래 맞아, 그러고 보니 그런 거 같아'라고 맞장구를 친다. 이러다 보면 K 씨가 속한 팀의 분위기는 와해되고 만다.

그런데 사실은 K가 낯을 좀 가리는 것뿐이라면 어떻게 할 것인가? 말수는 적어도 일에 있어서만큼은 탁월하고 의사소통도 명확한 사람이라면? 만일 그렇다면 당신은 귀한 재능을 발견하지도 못한 채 썩히고 만 것이 된다. 그렇기에 사람을 판단할 때에는 선입관이나 편견에 치우쳐 '단정 짓는' 실수를 저지르지 않도록 주의해야 한다.

모든 사물은 절대 한 가지 속성만 가지고 있지 않다. 아무리 미운 사람이라고 해도 예쁜 구석 하나는 가지고 있게 마련이고, 아무리 난공불락으로 보이는 일이라도 허점 하나는 있게 마련이다. 우린 거기에 집중하면 된다.

지혜로운 사람은 잘될 때는 위기를 생각하고, 안 될 때는 좋은 시절을 생각한다고 했다. 아무리 상황이 불리하게 돌아간다 해도 잘 살펴보면 그 와중에도 좋은 점 한 가지는 찾을 수 있다. 그러면 그것에 집중하면 된다. 마찬가지로 마냥 좋아 보이는 것이라고 해도 분명 어딘가 허점이 있게 마련이다. 그럴 땐 그 허점을 놓치지 않고 메워야 한다.

매사에 이런 자세로 임한다면 문제를 미처 파악하지 못해 어려움을 겪거나 내게 찾아온 기회를 알아보지 못하고 흘려보내는 일은 없을 것이다. 가장 중요한 것은 어느 한쪽만 보고 '단정 짓지 않는 것'이다.

돌아가는 길이
가장 빠른 길이다

"제2차 세계대전이 끝났는데, 만약 앞으로 전쟁이 발발한다면 어디가 될까요?"

"네, 한반도가 될 겁니다."

1946년 영국 로이터 통신 기자의 질문에 주저 없이 답을 한 사람이 있었다. 그리고 그가 예견한 대로 정확히 4년 후 한반도에서 6·25전쟁이 터졌다. 그는 리델 하트Basil Liddell Hart였다. 리델 하트는 당시에는 파격적이던 기계화 전투 방식을 주창한 영국의 군사 전략가다.

그는 승리의 비결로 간접 접근 전략Indirect Approach Strategy을 주창했다. 그는 《전략론》에서 30개 전쟁과 280개 전역을 분석하면서, 6개 전역에서만 직접 접근을 통해 승리했고, 나머지 274개 전역에서는 모두 간접 접근에 의해 승리를 달성했다는 사실을 지적했다.

역사적인 인천 상륙 작전은 간접 접근 전략의 교과서 같은 작전이었다. 이 계획의 가장 큰 걸림돌은 낙동강 방어선에 투입된 북한군 제1, 2군단의 주력이었다. 만약 이들이 낌새를 알아채고 인천 방면으로 부대를 돌린다면 작전은 허사가 되기 때문이었다. 성공적인 인천 상륙 작전을 위해서는 그들을 낙동강변에 묶어두어야 했다. 그래서 적을 속이기 위한 여러 가지 기만 작전이 선행되었다.

우선 동해 삼척 주변에서는 미 군함 미주리 호가 상륙 작전을 할 것처럼 공습을 시작했다. 서해에서는 최적의 상륙 지점으로 예상되는 군산에 상륙 작전과 비슷한 수준의 포격을 수차례 실시했다. 9월 4일부터 상륙 당일인 9월 15일까지는 주 상륙 지점인 인천을 고립시키기 위한 공습이 계속되었다. 또 상륙 하루 전날인 9월 14일에는 영덕군에 있는 장사에서 상륙 작전이 실시되기도 했다. 이와 동시에 맥아더는 군산에서 상륙 작전이 실시되리라는 거짓 정보를 흘렸다. 이 정보에 인민군들은 군산의 방어를 강화했고 그 결과 다른 지역의 방어력은 감소했다.

이 모든 치밀한 활동은 본격적인 상륙 작전이 시작되기 전에 물리적 심리적으로 적을 견제한 것이었다. 그런 다음 상륙군 주력은 북한군의 배치가 가장 미약하고 저항이 적을 것으로 판단되는 서해안의 해상 기동로를 따라 인천으로 접근했다. 최소 저항선과 최소 예상선을 택해 적의 배후를 향한 것이다.

드디어 9월 15일, 함정 206척과 7만여 병사가 영종도 근처에 집결, 작전이 시작되었다. 인천은 북한군이 전혀 예상할 수 없는 장소였다. 적의 허를 찌른 인천 상륙 작전은 멋지게 성공했다. 북한군이 38선에서 낙동강 방어선까지 진격하는 데 81일이 걸렸는데, 인천 상륙 이후 아군이 38선까지 돌아오는 데는 15일밖에 걸리지 않았다.

국군은 인천 상륙 작전을 성공한 뒤 서울을 목표로 군대를 움직였다. 이로써 적의 퇴로와 병참선을 차단하여 적을 결정적으로 불리한 위치로 몰아넣었다. 그리하여 가장 적은 전투와 최소의 희생으로 서울을 탈환했다. 간접 접근 전략이 완벽하게 적용된 것이다. 만약 인천으로 돌아가지 않고 무모하게 낙동강에서 정면 공격만 고집했다면, 그 피해가 엄청났을 것이다. 뿐만 아니라 어쩌면 지금의 대한민국은 존재하지 못했을지도 모른다.

인천 상륙 작전 이후, 북한군과 중국 군은 유엔군의 또 다른 상륙 작전에 대비하기 위해 전력의 50%를 후방에 배치해야 했다. 이렇게 보면 인천 상륙 작전은 단 한 번의 작전으로 끝난 것이 아니라, 전쟁 전체의 흐름에 영향을 미친 결정적 작전이었다.

처음 인천 상륙 작전을 계획할 때 맥아더 장군은 많은 반대에 부딪쳤다. 특히 해군 일부 인사들은 작전 성공률이 5,000대 1밖에 되지 않는다며 격심하게 반대했다. 하지만 맥아더 장군은 그렇기 때문에 인천 상륙은 적의 허점을 찌르는 기습이 될 것이라며 끝까지 주장했다. 태평양전쟁의 다양한 실전 경험을 가지고 있던 맥아더 장군은 돌아감으로써 적을 허물어뜨리는 전략의 효과에 대해 그 누구보다 강한 자신감과 확신을 가졌던 것이다.

迂直之計
우 직 지 계

돌아가는 것으로 직행을 삼는 계획.

─군쟁(軍爭) 제7편

손자는 우직지계를 크게 두 가지로 설명한다. 하나는 돌아감으로써 직행으로 삼는 이우위직以迂爲直이고, 다른 하나는 근심을 이로움으로 삼는 이환위리以患爲利다.

이우위직은 거리와 시간, 그리고 처세의 세 가지 방향에서 적용할 수 있다. 먼저 거리의 개념에서 보면, 돌아가는 게 실제로는 빨리 가는 길이 될 수 있음을 뜻한다. 예를 들어 백두산이 공격 목표라고 해보자. 그곳까지 가는 길에는 여러 가지가 있는데, 접근이 쉬운 길에는 이미 온갖 방어 조치가 되어 있어 적과 부딪히며 가야 하므로 많은 피해를 감수해야 될 것이다. 그렇게 되면 거리상 가깝다 해도 결코 가까운 길이 되지 못한다. 이럴 땐 멀리 돌아가더라도 장애물 없는 길로 가는 편이 더 빠르다. 당장 보기에 짧고 쉬워 보이는 길만 고집하지 말라는 교훈이다.

둘째는 시간에 적용할 수 있는 개념이다. 일을 이루는 데 성급하게 서두르지 말고, 느긋하게 여유를 두고 처리해나가는 것이 오히려 이득이 될 수 있다는 얘기다. 이른바 느림의 미학이다. 우리에게 '이우위직'은 분초를 다투는 각박한 세상에서 속도보다 중요한 것을 돌아보라는 가르침을 준다.

셋째는 처세의 개념이다. 때로는 손해를 보기도 하고 때로는 양보하면서 살아가야 한다는 것으로 이해해야 한다. 이렇게 하면 당장은 손해 보는 것 같지만 결국에는 좋은 것으로 돌아온다. 선善의 부메랑이다. 평소 자신이 조금 손해보더라도 다른 이들에게 양보하고 덕을 베풀었던 사람들은 위기가 닥쳤을 때 주변에서 도움의 손길을 보태주어 금새 일어설 수 있었다는 경우가 많다.

이환위리 또한 두 가지 개념으로 나눠볼 수 있다.

첫번 째 의미는 전화위복轉禍爲福, 즉 화를 복으로 바꾼다는 얘기다. 전국시대 합종책合從策으로 6국의 재상을 겸임했던 소진은 이런 말을 했다.

"일을 잘 처리하는 사람은 화를 바꾸어 복으로 만들고轉禍爲福, 실패한 것을 바꾸어 성공을 만든다因敗爲功."

아무리 어렵고 불행한 일이 있더라도 포기하지 않고 강인한 의지로 헤쳐 나가면, 근심거리를 복으로 바꿔놓을 수 있다는 말이다. 어리석은 사람에게는 근심거리가 걸림돌이지만 현자에게는 디딤돌이 된다는 의미이다.

두번 째 의미는 근심과 위협과 도전을 오히려 발전과 도약의 기회로 삼으라는 것이다. 언뜻 '전화위복'과 비슷해 보이지만 뉘앙스에 조금 차이가 있다. 토인비는 불멸의 저작 《역사의 연구》에서 인류의 역사를 '도전과 응전'으로 설명하며, 외부 도전에 효과적으로 응전했던 민족이나 문명은 살아남을 수 있었지만 그렇지 못한 민족이나 문명은 소멸했다고 주장했다.

조금 늦는다고 해서 패배하지 않는다

사람들은 누구나 쭉 뻗은 탄탄대로를 걷고 싶어 한다. 하지만 큰 업적을 남긴 사람이나 오늘날 성공적인 삶을 사는 사람을 보면 장애물이 없는 지름길만 가려고 하지 않았던 것을 알 수 있다. 그들은 고난과 역경에 대해 열린 마음을 갖고 있었다.

나폴레온 힐Napoleon Hill은 '역경이란 성공에 이르기 위해 치러야 하는 시험 과목'이라 말한 바 있다.

"일시적인 실패가 찾아오면, 신념이 시험당하는 것으로 생각하라. 패배는 '시험 기간'일지도 모른다. 그러므로 패배는 더 큰 노력을 고무하는 것으로 받아들이고, 반드시 성공한다는 믿음을 가져야 한다."

'성공한 사람을 만나보니 고생하지 않은 사람이 없더라'는 말도 흔히 듣는 말이다. 아무리 잘나가는 사람에게도 마냥 좋은 날만 있는

게 아니고, '세상이 왜 내게만 이러나?' 싶은 사람도 만날 그늘 밑에 살라는 법은 없다.

살다 보면 좌절할 때도 있고, 넘어져 다시 일어설 힘조차 없을 때도 있다. 그런데 이때가 바로 고비다. 이 고비를 담대하게 받아들이고, 어떻게든 극복하겠다는 의지를 가진 사람은 고비를 넘는 데 그치지 않고 더한 일도 해낼 힘을 갖게 된다.

이것은 손자가 말한 우직지계의 두 가지 의미, 이우위직과 이환위리의 두 가지가 모두 포함되는 얘기다. 멀리 돌아가게 되었을 때 조급해하지 않고, 난관이 닥쳤을 때 더 성숙해지는 법을 배워야 한다. 그런 이들에게 고난과 역경은 '위장된 복'이라는 말이 잘 적용된다. 조금 늦는다고 해서 인생이 끝장나는 것은 아니기 때문이다. 세상의 이치란 묘해서 빨리 간다고 반드시 이기는 것은 아니기 때문이다. 돌아가지만 결국에는 이기는 '곡즉승曲卽勝'의 심오한 진리를 마음에 새긴다면 어떤 어려움도 이겨낼 수 있을 것이다.

몸을 낮추는 자가
마지막에 웃는다

왕의 입장에서는 부하가 너무 특출나게 뛰어나도 심기가 불편한 법이다. 2인자의 처세는 그래서 중요하다. 그렇다면 2인자는 과연 어떻게 해야 하는 걸까?

로마의 벨리사리우스Belisarius는 동로마 제국의 황제 유스티니아누스Justinianus I를 위해 헌신했던 명장이었다. 당시 유스티니아누스는 콘스탄티노플에 수도를 두고 오늘날의 이스탄불에서부터 지중해 동쪽까지 통치하고 있었다. 그런데 532년 쿠데타가 일어나자 유스티니아누스는 권좌를 위협받았다.

사태는 심각하게 치달아, 유스티니아누스는 폭도들에 의해 전차

경주용 대경기장인 히포드롬에 포위되는 절체절명의 순간에 맞닥뜨렸다. 그 순간 벨리사리우스의 군대가 영웅처럼 등장해 3만 명의 폭도를 베고 황제를 구했다. 이렇게 벨리사리우스 덕에 가까스로 위기를 넘긴 황제는 그를 최고사령관에 임명했다.

이때부터 벨리사리우스의 시대가 열렸다. 그는 반달 족을 무찔렀고, 아프리카를 다시 병합했다. 그가 수도로 돌아오자 너무나 감명받은 유스티니아누스 황제는 화려한 개선 행진을 열어주었다. 이 개선식은 로마 개국 이후 500년 동안 황실 혈통이 아닌 사람을 축하해준 유일한 행사였다. 이렇게 황제에게 분에 넘치는 애정을 받은 벨리사리우스는 갈수록 승승장구했다.

535년 벨리사리우스는 고트 족Goths에게서 이탈리아를 되찾기 위한 전투에 나서, 순식간에 시칠리아 섬과 본토인 나폴리까지 점령하며 북쪽으로 진격했다. 540년 벨리사리우스의 집요한 공격에 지친 고트 족은 만약 벨리사리우스가 황제가 된다면 로마에 항복하겠다는 제의를 해왔다. 벨리사리우스는 일단 못이기는 척 제의를 받아들였다. 하지만 고트 족이 항복한 뒤에는 황제 칭호를 거부했다. 벨리사리우스는 누구보다도 황제의 마음을 잘 알고 있었기 때문이다. 황제는 이미 자기보다 인기가 높은 벨리사리우스를 줄곧 시기하고 있었던 것이다.

그러나 벨리사리우스의 이런 행동이 황제의 의혹을 누그러뜨리지는 못했다. 오히려 고트 족에게 배신감을 주는 역효과만 불러왔을 뿐이었다. 황제는 벨리사리우스를 이탈리아에서 불러다놓고 냉대하기 시작했다. 그리고 이듬해에는 메소포타미아에 파견해 사산 제국과 싸우게 했다. 벨리사리우스는 그 싸움에서 수차례 승리를 거두지만 규정을 어기는 병사들 때문에 어려움을 당했다. 유스티니아누스는 그것을 빌미로 황제에게 불충했다는 죄를 씌워 사령관직을 박탈당했다.

벨리사리우스는 544년에 겨우 복권되어 다시 이탈리아로 파견되었는데, 그에 대한 의심이 더 커진 황제는 충분한 병력과 군자금도 지급하지 않았다. 4년 동안 이탈리아 해안 지방에서 전쟁을 해오며 잠시 로마를 점령하기도 했지만 동고트 족과 정면으로 맞서는 것은 사실상 불가능했다.

559년에 훈족이 콘스탄티노플을 위협하자 황제는 그를 다시 불러들였다. 벨리사리우스는 자신이 구할 수 있는 모든 병력을 동원하여훈 족을 물리치고 나라를 안정시켰다. 이처럼 황제는 벨리사리우스의 탁월함에 늘 의심을 품고 경계하다가도, 나라가 위급할 때는 불러 사용했다.

대개의 경우 벨리사리우스의 입장이 되면 황제 못지 않은 권력과 군사력을 이용해 반역을 시도할 법도 한데, 벨리사리우스의 선택은 달랐다. 그는 훈족을 쫓아낸 후 조용히 물러나 은퇴했다. 물러나야할 때를 잘 알았던 것이다.

그런데도 3년 후 그는 황제의 암살 음모에 가담했다는 혐의를 받았다. 물론 결백은 밝혀졌지만 그의 명성에는 흠이 갔다.

그 후 어느 정도 황제의 신망을 찾은 그는 565년 3월에 죽을 때까지 평화롭게 살았다. 그리고 그토록 정성을 다해 섬겼지만 고마움을 느끼지 못했던 황제는 그가 죽고 나서 몇 달 후 세상을 떠났다.

벨리사리우스는 비록 황제에게 부당한 대우와 의심을 받았지만, 끝까지 순종하며 그를 섬겼다. 어느 나라든 가라 하면 가서 황제의 이름으로 최선을 다해 싸웠다. 업적으로만 본다면 아프리카를 제패한 스키피오, 카르타고의 한니발, 로마의 폼페이우스나 카이사르에 뒤지지 않는다. 그것도 대단히 열악한 상황을 딛고 이루어낸 성과이기에 더욱 더 빛난다.

將者　國之輔也
장 자　국 지 보 야

輔周則國必强　輔隙則國必弱
보 주 즉 국 필 강　보 극 즉 국 필 약

장수는 나라의 보목과 같으니, 보목이 주밀하면 나라가
반드시 강해지고, 보목에 틈이 있으면 나라가 반드시 약해진다.
— 모공(謀攻) 제3편

보목輔木이란 수레의 양쪽 가장자리에 덧댄 나무를 말한다. 서로 맞물려 의지하고 있는 것으로 그 사이에 틈이라도 생기면 수레가 곧 무너지고 만다. 나라에 있어 장수, 즉 2인자는 바로 그런 존재라 할 수 있다. 수레가 제대로 움직이려면 보목이 제 구실을 잘해주어야 하는 것과 같은 이치다.

왕과 장수는 서로 신뢰하여 서로의 사이에 조금도 틈이 없어야 한다. 왕이 장수를 시기하여 틈이 생기면 곧 나라가 무너지고 만다. 하지만 아무리 그릇이 큰 리더라 할지라도 인간 본성의 시기심은 살아 있기 때문에 그 시기심을 자극하면 수레, 즉 나라 전체가 위태로워질 수밖에 없다.

또 많은 사람들의 칭송을 받는다 하여 부하된 자가 1인자의 자리를 탐하는 경우에도 마찬가지 결과를 초래하고 만다. 하지만 수레가 무너진다면 1인자가 된들 아무 소용이 없다. 그러므로 부하된 자는 많은 사람들에게 칭찬받고 환호를 받는 때일수록 더 겸손하게 자신을 낮추고 절제하여, 왕의 시기심을 자극하지 않도록 해야 한다.

스스로 어리석어지면 마음이 편하고 할 수 있는 일이 많아진다

"총명하기도 어렵고 어리석기도 어렵지만, 총명하다가 어리석기는 더욱 어렵다. 집착을 내려놓고 한 걸음 물러서면 즉시 마음이 편안하니 나중에 복을 받고자 하는 마음도 아니다."

8세기 중국 청나라 때 유명한 서화가였던 정판교의 말이다. '총명하다가 어리석기'라는 말은 총명한 사람이 스스로를 낮추는 것을 가리킨다. 이어지는 말을 보면 '어리석기'를 하는 이유는 '마음이 편해지기 위해서'다. 낮아지면 마음은 더 편해지고 할 수 있는 일은 더 많아진다는 의미일 것이다.

직장생활을 비롯한 모든 조직에서도 이 원칙은 통용된다. 예컨대 유능한 팀원이 있다면 팀장은 어떨까? 처음에야 '일 잘하는 팀원'이 대견하고 든든해서 신뢰할 것이다. 공적이 더 잘 나타날 만한 프로젝트를 맡기면서 "내가 당신을 이만큼 신뢰하고 있으니, 너도 나에게 충성을 보여줘"라고 할지도 모른다.

하지만 계속하여 탁월한 실력을 뽐낸다면 어떻게 될까? 거기에 누가 지나가는 소리로라도 "팀장님, 능력 있는 팀원을 두셔서 좋으시겠어요"라고 보태면 어떨까?

처음 한두 번이야 팀장도 "물론이죠. 아주 든든합니다"라고 말할지 모른다. 하지만 그런 일이 거듭된다면 그의 마음에 알게 모르게 시기하는 마음, 나아가 '내 자리를 넘보지는 않을까?' 하는 위기감이 생기지 않을까?

그렇다고 잘난 걸 숨기고 살 수는 없는 법이다. 뛰어난 공적을 낼 수 있는 사람이 눈치 보느라 할 일을 못한다면 그거야말로 손해 중의 손해다. 그래서 몸을 낮추는 게 필요하다. 아무리 칭찬을 많이 들어도, '이건 모두 팀장님이 잘 알려주셔서……' 하는 자세를 가진다면 어떨까?

또 평소 일의 진행 상황을 잘 보고하고, 원활하게 의사소통을 한다면 문제가 생기지 않을 것이다. 윗사람의 시기심을 발동시키지도 않을 것이고, 여러 가지 지원을 받으며 다양한 일을 도모해볼 수도 있지 않을까?

상대를 막다른 곳으로
몰아넣지 말라

"러시아와 미국 사이에 1960년대와 유사한 상황이 일어나고 있다. 옛 소련이 쿠바에 미사일을 배치해 위기를 일으켰던 때와 같다."

2007년 10월, 당시 미국의 조지 W. 부시 행정부가 폴란드와 체코 등의 동유럽까지 미사일 방어체제에 넣겠다는 계획을 발표하자 블라디미르 푸틴 러시아 대통령이 했던 말이다. 그가 얘기한 '1960년대의 상황'이란 1962년 10월의 쿠바 미사일 위기를 말하는 것으로, 전 세계를 핵전쟁과 제3차 세계대전의 문턱으로 몰아넣은 사건이었다. 당시 케네디John Fitzgerald Kennedy가 그 위기를 어떻게 지혜롭게 잘 넘겼는지 살펴보면 심각한 대치 상황을 극복할 방법을 강구할 수 있을 것이다.

1959년 새해, 쿠바에서는 피델 카스트로가 주도한 반란이 성공해 바티스타 독재 정권을 무너뜨렸다. 미국은 충격을 받았다. 플로리다 해안에서 불과 145㎞ 떨어진 곳에 공산 정권의 교두보가 마련되었기 때문이다. 흐루시초프는 1962년 9월 '소련·쿠바 무기 원조 협정'을 체결한 뒤, 극비리에 42기의 중거리 미사일과 42대의 장거리 폭격기, 162기의 핵탄두, 5,000여 명의 군인과 기술자들을 쿠바 인근으로 이동시켰다.

쿠바 서부 지역에서 미사일 기지가 거의 완성되어가고 있다는 것을 알게 된 미국에서는 10월 16일 국가안전보장회의 비상대책위원회 ExComm(위원회)가 소집되었다. 논의된 방안은 공중 폭격, 육상 침공, 그리고 해상 봉쇄 세 가지였다. 10월 22일 월요일 저녁 7시, 케네디는 차분한 어조로 대국민 연설을 했다.

"지난주, 쿠바에서 핵공격 미사일 기지가 건설되고 있다는 확실한 증거를 포착했습니다. …… 미국은 쿠바에서의 미사일 기지 건설을 서반구에 대한 위협으로 간주할 것이며, 소련이 미국에 공격을 가할 경우 소련에 대한 전면전도 불사할 것입니다."

그리고 쿠바에 무기를 운반하는 모든 선박에 대해 해상 봉쇄를 단행하겠다고 선언했다. 또한 14일 이내에 쿠바에 설치된 미사일을 철수하라는 압력을 가했다. 소련은 즉각 반응을 보였다. 흐루시초프는 소련의 핵미사일 부대에 비상경계령을 내렸고, 쿠바로 향하고 있던 선박들에게는 멈추지 말고 계속 이동하라고 명령했다. 크렘린 최고

간부 회의를 소집한 그는 "이것은 또 한 번의 세계대전이 될 수도 있다"고 말했다.

10월 24일 오전 10시, 20척의 소련 선박이 정선 명령 지역에 근접해가고 있었다. 이제 곧 미 해군은 봉쇄선을 지나려는 소련 선박에 '멈추지 않으면 발포하겠다'고 통보할 참이었다. 케네디와 그의 각료들은 백악관에서 만약의 사태를 대비해 마른 침을 삼키며 지켜보고 있었다. 이 절박한 순간에 해군 정보국에서 메시지가 날아왔다. '쿠바로 향하던 20척의 선박들이 공해 상에서 멈추거나 회항했다'는 내용이었다. 안도의 한숨이 터져 나왔다. 법무장관이던 로버트 케네디는 당시 상황에 대해 '잠시 세상은 멈춰 있었다'고 표현했다.

하지만 본질적인 문제가 해결된 것은 아니었다. 쿠바의 미사일 기지는 그대로였기 때문이다. 해상 봉쇄로 미사일 문제가 해결되지 않자 백악관에서는 쿠바를 공격하자는 주장이 다시 일었다. 10월 26일 케네디는 흐루시초프로부터 한 통의 서신을 받았다.

"쿠바를 침공하지 않겠다고 약속하면 미사일을 철수하겠다."

그런데 이때 쿠바를 정찰하던 미국의 U-2기가 격추돼 조종사 루돌프 앤더슨 소령이 사망하는 사건이 발생했다. 미국 비행기를 격추하지 말라고 한 크렘린의 지시가 무시되었던 것이다. 소련 내 군 통수권이 흔들리고 있다는 증거였다.

미국에서도 강경파에 의해 쿠바에 대한 공중 폭격이나 상륙 침공 준비가 진행되고 있었다. 이틀 후를 디데이D-day로 정해 대통령의 명령만 기다리는 상태였다. 보복하고 확전할 것인가? 이 아슬아슬한 순간 케네디는 냉정하고 신중했다. 그는 소련의 타협안 중 첫 번째 안을 받아들이겠다는 의사를 전했다. 곧 소련의 대답이 날아왔다.

"쿠바에서 미사일을 철수하겠다."

1962년 10월 28일이었다. 전 세계가 안도의 숨을 내쉬었다. 흐루시초프의 답신을 받은 케네디는 방송을 통해 위기의 종식을 알렸다. 전문가들은 만약 당시 핵전쟁이 벌어졌다면 6분 내에 2,500km 반경의 미국 본토가 초토화되고, 미·소 양국에서 1억 명 이상, 유럽에서도 수백만 명이 목숨을 잃었을 것이라고 추정했다.

가까스로 사태를 수습한 후, 케네디는 미 의회에서 이렇게 말했다.

"흐루시초프에게 참을 수 없을 만큼의 굴욕을 주지 않았기에 이길 수 있었습니다. 만약 흐루시초프가 미국으로부터 커다란 양보를 쟁취했다고 자만하고 싶어 하거든 그렇게 내버려둡시다. 그것은 패자의 특권입니다."

결국 케네디는 궁지에 몰린 흐루시초프에게 자존심을 세울 구멍을 열어줌으로써, 상생相生의 길을 찾았던 것이다.

圍師遺闕　窮寇勿迫
위 사 유 궐　궁 구 물 박

포위할 때에는 도망갈 틈을 남겨주고,
궁지에 몰린 도둑은 너무 몰지 말라.

—군쟁(軍爭) 제7편

궁서설묘窮鼠齧猫, 쥐도 궁지에 몰리면 고양이를 문다는 말이 있다. 사람도 너무 몰아세우면, 약한 사람이라 해도 어떤 돌출 행동을 할지 알 수 없다.

토머스 홉스는 '인간의 두려움은 결국 만인에 대한 무차별적인 공격성으로 표출된다'고 했다. 두려움과 불안감을 해소할 길이 없을 때, 사람은 이성을 잃고 무차별 공격을 하거나 돌출 행동을 보일 수도 있다는 경고다. 그럴 경우 충돌을 피할 수 없다. 그리고 그런 상황에 직면한 약자는 생각지 못했던 강한 힘을 낼 수 있다. 물러설 곳이 없는 적은 죽기 살기로 싸우는 법이니 말이다. 이렇게 되면 결국 승리를 한다 해도 적지 않은 손해를 피할 수 없다. 그럴 바에는 패잔병들에게 도망갈 길을 주고 온전한 승리를 거두는 것이 낫다.

이기지 말아야 할 싸움도 있다

싸움에도 종류가 있다. 해야 되는 싸움과 피해야 되는 싸움이 있고, 이겨야 되는 싸움과 이기면 안 되는 싸움이 있다. 해야 되는 싸움은 생존권이나 기본권이 침해받는 경우다. 피해야 되는 싸움은 질 것이 뻔히 예상되는 싸움이다. 이겨야 되는 싸움은 이기면 도움이 되나, 지면 큰 타격을 입는 싸움이다. 그리고 이기면 안 되는 싸움은 비록 이길지라도 그 결과가 좋지 않는 싸움이다.

회사에서 상사와 부딪치는 경우는 어떨까? 이 경우가 바로 이겨서는 안 되는 싸움이다. 결과가 어떻게 되든 결국 손해를 입기 때문이다. 상사와 불화가 생기면 설사 상사에게 문제가 있다 해도, 반드시 '궁구물박'을 염두에 두어야 한다. 절대로 상사를 막다른 길로 몰고 가서는 안 된다는 얘기다. 이때 막다른 길이란 상사의 마지막 자존심을 건드리는 것을 말한다. 만약 상사가 하급자와 싸워서 졌다는 소문이 퍼질 경우 그것을 견딜 상사는 별로 없을 것이다. 그렇게 되면 싸움에서 이긴다 해도 대개의 경우 칼자루를 쥐고 있는 것은 상사이므로 칼에 다치는 것은 부하 직원이 될 가능성이 크다.

이 경우는 쥐가 고양이를 무는 것이 아니라, 궁지에 몰린 고양이가 쥐를 무는 모양새가 된다. 구석에 몰린 쥐가 고양이에게 덤비는 경우, 아무리 쥐가 무섭게 공격한들 고양이에게 치명적인 상처를 주기는 어렵다. 하지만 쥐가 고양이를 궁지에 몰았을 때, 갈 곳 없이 몰린 고양이가 덤벼든다면 그 쥐는 살아나기 어려울 것이다.

절대로 상사를 궁지에 몰아넣지 마라. 이기든 지든 손해 보는 건 결국 당신이다.

뜻이 크면 허리 굽히기가
부끄럽지 않다

사람들은 인사를 할 때 보통 허리를 굽히고 머리를 숙인다. 허리를 굽히는 행위는 상대방에 대한 예의를 표하는 것이다. 그리고 상대방을 존중하여 그보다 아래에 있겠다는 의사 표현이다. 극단적으로 말하면 상대방에 대한 '굴복'이다. 그렇기 때문에 누군가에게 허리를 굽히는 것은 사실 쉽지 않은 일이다. 자존심 강한 사람에게는 더더욱 어려운 일이다. 그러나 아무리 자존심이 강한 사람이라도 보다 큰 것을 얻어야 할 때는 허리를 굽혀야 한다. 정말 중요한 것을 얻기 위해 나머지 것들은 버려야 하는 것이다.

도요토미 히데요시가 1592년에 조선을 침입했다. 명분은 가도입

명假道入明, 즉 명나라를 칠 테니 길을 빌려달라는 것이었다. 물론 말도 안 되는 명분이다. 히데요시의 진짜 속셈은 조선을 정벌하고 명나라까지 점령해서 조선과 명, 일본을 아우르는 황제가 되겠다는 것이었다. 조선은 파죽지세로 밀고 들어오는 일본의 공격에 순식간에 무너졌다. 다급해진 조선은 명나라에 지원을 요청했다.

명의 입장에서도 급한 일이었다. 조선이라는 울타리가 무너지면 그다음은 명의 차례가 될 것이기 때문이다. 그런데도 조선의 구원 요청을 받아 명에서 온 장수들은 하나같이 거만하고 방자했다. 그중에서도 산둥반도에서 수군 5,000명을 이끌고 강화도에 도착한 도독 진린陳璘은 특히 난폭하고 잔인하여, 조금만 마음에 들지 않으면 조선의 관민들을 때리거나 욕하며 마치 짐승처럼 다루기 일쑤였다. 강화도로 들어온 진린은 곧바로 이순신 장군이 있는 고금도로 가지 않고 한강을 거슬러 한양으로 들어와 기어이 임금으로부터 융숭한 대접을 받았다. 당시 명나라의 높은 장수가 오면 조선의 임금도 머리를 낮추고 허리를 구부려 절을 해야 했다.

1598년 6월 26일 진린 일행은 선조를 비롯한 수많은 중신들로부터 송별 인사를 받았다. 그런데 이때 송별 자리에 조금 늦게 참석하였다는 이유로 찰방(역참의 하급 관리) 이상규의 목을 짐승처럼 새끼줄로 매어 끌고 다니는 행패를 부렸다. 보다 못한 영의정 유성룡이 나서 선처를 구했지만 소용없었다. 유성룡은《징비록》에 이때의 상황을 상세히 기록하며 장차 진린을 맞을 이순신을 걱정했다.

"안타깝게도 이순신의 군사가 장차 패하겠구나. 같이 중군에 있으면 진린이 견제를 할 것이고, 의견이 틀리면 장수의 권한을 빼앗고 군사들을 학대할 것이다. 이것을 제지하면 더욱 화낼 것이고 그대로 두면 끝이 없을 테니, 이순신의 군사가 어찌 싸움에서 지지 않겠는가?"

한양에서 이렇게 한바탕 난리를 피운 진린은 조선 수군과 합류하기 위해 이순신의 수군 본부가 있는 고금도로 향했다. 1598년 7월 16일의 일이다.

그렇다면 성질 고약한 진린을 만난 이순신은 어떻게 행동했을까? 사전에 진린에 대해 조사해두었던 이순신 장군은 나름대로 대책을 세웠다. 우선 군사들을 풀어 산에서는 사슴과 멧돼지를, 바다에서는 온갖 물고기를 잡아 많은 술과 음식을 준비했다. 그리고는 휘하 장교들과 함께 수십 리 길을 마중나가, 진린을 보는 순간 "대제독, 어서 오십시오"하며 크게 허리 숙여 절을 했다. 그러고는 미리 준비해놓은 음식으로 성대한 잔치를 열어 명나라 군사들을 배불리 먹고 마시게 했다.

이틀 후 조선과 명나라 연합군이 일본 수군을 상대로 한 차례의 전투를 벌였다. 그런데 명나라 측 전과가 없었다. 화가 난 진린은 술잔을 집어 던지며 날뛰었다. 이때 이순신 장군이 넌지시 말했다.

"노야(상대를 높여 부르는 말)께서는 명나라의 대장으로 멀리 이곳까지 왜적을 토벌하러 오셨으니, 이곳에서의 승리는 모두 노야의 것입니다. 오늘 벤 적의 머리는 모두 노야께 드리겠으니 그것으로 귀국 황제께 첫 승전 보고를 하면 좋지 않겠습니까?"

이 말에 진린은 크게 기뻐하며 이순신 장군의 손을 잡고 "중국에서부터 이미 장군의 명성은 많이 들었습니다. 지금 보니 장군에 대한 모든 칭찬이 거짓이 아니었구려!" 하며 탄복했다.

원칙주의자이자 강직한 인물의 대명사인 이순신이 왜 그 건방진 명나라 장수에게 허리를 굽히며 승리의 전과를 양보했을까? 이유는 단 한 가지, 나라를 구하기 위해서다. 진린을 내 편으로 만들어야 전쟁에서 이길 수 있고, 나라를 살릴 수 있기 때문이었다. 이순신은 보다 중요하고 큰 것을 위해 과감하게 자신의 자존심을 버렸던 것이다.

卑而驕之
비 이 교 지

나를 낮추어 상대방의 교만을 부추긴다.

—시계(始計) 제1편

겸손한 사람은 흥하고 교만한 사람은 망하는 것이 세상의 이치이다. 그러니 상대방을 망하게 하는 가장 손쉬운 방법 중 하나는 교만한 마음이 들도록 부추기는 것이다. 어떻게 부추길까? 상대 앞에서 자신을 낮추면 된다.

한편 상대를 추켜주는 것은 나에게 필요한 것을 얻는 방법이기도 하다. 이순신 장군은 보다 중요하고 큰 것을 얻기 위해서는 자신의 자존심을 버리고 상대를 높여줄 필요가 있음을 보여주었다. 정말 중요하고 가치 있는 것을 위해서는 허리를 굽힐 줄도 알아야 한다. 상대의 자존심을 세워주어 얻어낼 것이 있다면, 나의 자존심은 잠시 내려놓을 수도 있어야 한다는 얘기다.

보다 큰 것을 생각하여 자신을 낮추는 사람들이 허리를 굽힐 때 자존감이 상할까? 진린 앞에서 고개를 숙이고, 잔치를 열어 대접하고, 승리까지 바친 이순신은 자존감이 상했을까? 아니다. 이들은 개인적인 자존심은 잠시 버릴지언정 자존감은 절대 잃지 않는다.

우리는 여기서 자존감과 자존심을 구별할 필요가 있다. 이 두 가지는 거의 비슷하지만, 사실은 매우 중요한 차이점을 갖고 있다. 자존감은 자신에 대한 긍정적인 관점을 말한다. 어떤 상황에서도 자신의 소중한 가치를 믿는 것이다. 그에 반해 자존심은 자기 중심적인 생각을 말한다. 주변 환경에 따라 변덕이 심하다. 자존심만 강한 사람을 보면 상대적으로 자존감이 적은 경우가 많다.

큰 것을 위해 잠시 허리를 굽힐 줄 아는 사람은 자존감을 잃지 않는 사람이다. 자신이 소중한 존재라는 자존감이 있기에 잠시 자존심을 버리고 비굴해질 수도 있는 것이다. 이순신은 오만방자한 진린의 기분을 맞춰주기 위해 자신을 낮추어야 했지만, 그 덕분에 진린의 5,000명 병사는 이순신의 나라 조선을 지키느라 전쟁터에 나가 목숨을 던졌다. 이것이 바로 자존심을 버려 자존감을 세우는 지혜이다.

자존감만 붙드는 지혜

한나라의 명장 한신의 청년 시절 일화가 하나 있다. 빌어먹는 처지에 있는 그를 보고 어느 날 동네 불량배가 시비를 걸고 놀렸다.

"용기가 있으면 옆구리에 있는 칼로 나를 찌르고, 그러지 못할 것 같으면 내 다리 사이로 기어가라."

한신은 수모를 꾹 참고 그 자의 가랑이 사이를 지나갔다. 이 일에서 '과하지욕袴下之辱'이라는 말이 나왔다. 큰 뜻을 품은 사람은 작은 일로 승강이하지 않음을 비유하는 말로 쓰인다.

큰 뜻을 가진 사람은 이렇게 한순간의 수모쯤은 거뜬히 버텨내고, 더 큰 그림을 그릴 수 있어야 한다. 조직의 사활이 걸렸을 때는 나를 버리고 허리를 굽힐 수 있어야 한다. 큰 것을 위해 작은 것을 버리는 전략적 대범함이 요구되는 순간에는 개인으로서의 나는 미련없이 포기할 수도 있는 것이다.

인생을 살다 보면 결정적인 승리를 위해 '비굴함'이란 전략을 써야 할 때가 있다. 한 번쯤은 허리를 굽혀야 하는 순간이 있을지 모른다. 그럴 때는 자존심은 잠시 내려놓고 자존감은 꼭 붙드는 지혜를 발휘하자.

스스로 겁쟁이가 되는
진정한 용기

길을 지나는데 누군가가 나에게 갑자기 '이 무식한 놈!'이라고 욕한다면 기분이 어떨까? 두 가지 경우가 있다. 정말 공부를 제대로 못한 사람이 그 소리를 들었다면 자존심이 상해서 화가 치밀어오를 것이다. 그런데 공부를 많이 해서 박사 학위를 몇 개나 가지고 있는 사람이라면 별로 개의치 않을 것이다. 왜냐하면 실제로는 무식하지 않기 때문이다.

작은 일에 자주 화를 내는 사람들은 대체로 그 속에 열등감이나 피해 의식이 많은 사람이다. 이런 사람은 조금만 건드려도 대단히 민감하게 반응한다. 그 속에 자존감이 없기 때문이다. 자존감을 가진 사람은 중요한 목적을 이루는 데 필요하다면 비겁하거나 바보 같은 모습도 기꺼이 자처할 수 있다.

대장군 이목李牧은 일찍이 조나라 북부에서 오랫동안 변방을 수비하며 흉노의 침입에 대비하고 있었다. '달에서도 보이는 유일한 인공 건축물'인 총 길이 6,352㎞의 만리장성도 당시 흉노족의 침입에 대비해 조나라 시절부터 쌓기 시작한 성벽이었다. 이렇게 흉노는 조나라에게 큰 위협이었다. 때문에 조나라 왕은 이목에게 전폭적인 지원을 해주었다. 직접 인재를 뽑거나 면직할 수 있는 권한도 부여했으며, 한 개 군의 세금을 모두 이목의 직권으로 쓸 수 있도록 특별 규정을 만들기도 했다.

이목은 실제적인 전투력 향상을 위해 세금을 아주 적절하게 사용했고, 부하들을 잘 먹여서 힘을 비축시켰다. 특히 병사들의 사기와 복지 부분에 있어서는 조금도 부족함이 없도록 했다. 전투력의 근원이 거기에 있다는 것을 잘 알았기 때문이다. 이와 동시에 정보 시스템의 중요성도 잘 알고 있었기에 정탐꾼들을 양성하여 정보원으로 활용하기도 했다. 흉노가 침입해올 때마다 철저한 정보 시스템은 그 위력을 발휘했고, 병사들은 신속하게 영채와 보루로 돌아가 굳게 지키며 제멋대로 출전하는 자가 없었다.

상황이 이쯤 되자 흉노족은 번번이 약탈에 실패했고, 덕분에 조나라는 병력뿐 아니라 백성과 물자도 잘 보존할 수 있었다. 이렇게 시간이 흐르자 흉노족은 '이목은 먼저 공격도 못하는 겁쟁이'라는 소문을 퍼뜨렸다. 그러자 숨어서 지키는 데 이골이 난 조나라의 병사들조차도 자신들이 모시는 지휘관은 소심하고 겁이 많다며 원망하기 시작했다. 바로 여기서 위기가 시작되었다. 이런 소문들이 조왕의 귀에까지 흘러 들어간 것이다.

결국 조왕은 이목을 불러들이고 신임 장수를 그 자리에 보냈다. 신임 장수는 부임한 지 1년이 지나자 흉노가 침입해올 때마다 맞서 싸웠다. 하지만 결과적으로 대부분의 싸움에서 패했고, 그로 인해 죽거나 다치는 사람들이 많았다. 변경 지역의 백성들은 제때 농사를 짓거나 가축을 기를 수도 없게 되었다. 이렇게 되자 군민들은 신임 장수를 원망하기 시작했고, 구관이 명관이라며 이목을 그리워했다.

조왕이 다시 이목을 부르자, 이목은 한 가지 조건을 걸고 나왔다. 자신은 예전과 같은 방식으로 변경을 관리할 것이니, 이에 대해 간섭하지 말아달라는 것이었다. 조왕이 그 조건을 수락하자 이목은 다시 변경 지역으로 달려가 모든 것을 예전으로 되돌려 놓았다. 흉노가 쳐들어오면 또 다시 군대를 성안으로 철수시켰고, 흉노는 그런 그를 겁쟁이라고 생각하고 방심하기 시작했다.

하지만 이목은 그러는 흉노에게 반응하는 대신, 은밀하게 전차 1,300대와 기마 1만 3,000필을 가려 뽑고, 활쏘기에 능한 10만 명의 궁수를 뽑아 맹훈련을 시켰다. 방심하고 있는 흉노를 섬멸시킬 결정적인 한 방을 계획하고 있었던 것이다. 병사들도 한 번쯤은 통쾌하게 싸워보자며 전의를 불태웠다.

흉노가 다시 쳐들어왔다. 하지만 이번에는 이목의 군대가 성안으로 퇴각하지 않고 짐짓 패하여 달아나는 척했다. 이 거짓 패주에 속은 흉노족의 선우單于(흉노족의 군주나 추장을 높여 부르는 말)는 이목의 군대를 쫓아 조나라 진영 깊숙한 곳까지 들어왔다. 이목은 이때를 놓치지 않고 1만 3,000명의 기병을 둘로 나누어 양쪽에서 급습했다. 흉노의 10만 대군은 진열이 완전히 무너졌다. 퇴각하려 했지만, 길목에는 조나라 궁수들이 기다리고 있었다. 이들이 퍼붓는 화살에 흉노의 10만 대군은 거의 전멸하였다. 이로써 흉노족은 감히 조나라 근처에 접근조차 할 수 없게 되었다. 수년간 겁쟁이라는 온갖 조롱과 모욕을 묵묵히 견뎌내며 나라의 힘을 지켜냈던 이목은, 기원전 233년 진나라가 쳐들어왔을 때에도 10만의 진나라 군대를 모조리 무찔렀다.

亂生於治 怯生於勇 弱生於强
난 생 어 치 겁 생 어 용 약 생 어 강

혼란함은 다스려짐에서 나오고,
겁은 용맹에서 나오고, 약함은 강함에서 나온다.
— 병세(兵勢) 제5편

난생어치亂生於治의 의미를 풀면 사실 이렇다.

"혼란하게 보이는 것은 실제로는 엄격하게 다스려지는 통제와 전략에서 나오는 것이다."

이때의 '혼란'은 적에게 그렇게 보이는 것을 말한다. 의도적으로 혼란한 것처럼 보이는 것은 적이 오판하도록 하여 승리를 쟁취하기 위해서다. 실제로 잘 다스려지고 있지 않으면 혼란스러운 것처럼 위장할 수도 없는 법이다.

겁생어용怯生於勇도 마찬가지다. 겉으로 겁쟁이처럼 보이는 것은, 사실 적을 방심하게 만들려는 의도에서 나오는 것이다. 용감함이 없으면 겁쟁이처럼 보일 수도 없다. 진짜 겁쟁이라면 자신이 겁쟁이인 것을 드러내지 않기 위해 어떻게든 두려움을 감추려 애쓰기 때문이다.

약생어강弱生於强 역시 같은 뜻의 말이다. 실제로 약한 것이 아니라 약한 것처럼 보이는 것이다. 강한 사람만이 약해 보일 수 있다.

강한 사람만이 약해 보일 수 있다

"아빠, 팔씨름해요."

어린 아들 녀석이 달려든다. 이럴 때 아빠는 어떻게 할까? 손을 마주 잡고는 용을 쓰듯 인상을 쓴다. 그러고는 이길 듯 이길 듯하다가 슬며시 져준다. 아들은 신이 나서 펄쩍 펄쩍 뛴다. 그런데 정말 아빠가 힘이 없어서 진 걸까? 당연히 아니다. 아빠는 일부러 져준 것이다. 이처럼 힘이 있을 때는 져줄 수 있다. 힘이 없으면 져주고 싶어도 져줄 수가 없다.

다른 경우를 한 번 보자. 나이 많은 아버지와 막 해병대에서 제대한 아들이 팔씨름을 한다. 이때에도 아버지가 이길까? 아니 져줄 수 있을까? 이런 경우에는 효심 깊은 아들이 져준다.

"와, 아버지! 아직도 힘이 좋으시네요!"

바로 이런 것이다. 힘 있는 사람이 져줄 수 있다.

용감한 사람이 겁쟁이처럼 보일 때도 있다. 전설적인 싸움꾼 시라소니는 평소 아주 어리숙하게 보였다 한다. 번쩍이는 안광도 없었고, 머리칼도 더부룩하게 이마를 덮고 있었으며, 걸을 때도 비틀거렸다고 한다. 그러다가도 정작 싸워야 할 때를 만나면 번개같이 날아서 상대를 순식간에 눕히고야 말았다.

속이 비면 겉이 화려한 법이다. 그렇게 치장해서라도 속이 빈 것을 감추려 하기 때문이다. 민낯에 자신 없는 사람들이 화장을 짙게 하는 것과 같은 이치다. 그러니 어떤 일이나 사람을 대할 때에는 겉으로 드러난 모습만 보고 섣불리 판단해서는 안 된다. 화려한 치장을 한 사람, 말이 많고 큰소리 뻥뻥치는 사람, 대체로 이런 사람은 하수다. 고수는 대개 조용하고 색깔이 없는 법이다. 그래서 진정한 고수들은 눈에 잘 띄지 않는다. 세상에는 그런 고수들이 의외로 많다. 잘못 걸리면 한 방에 갈 수도 있으니, 절대 겉만 보고 판단하지 말자.

人　　　生　　　兵　　　法

허실虛實 제6편에 보면 유명한 '전승불복戰勝不復'이란 말이 나온다. 전쟁에서 승리하는 방법은 반복되지 않는다는 말이다. 전쟁에서 한 번 이긴 방법을 똑같이 써서는 두 번 다시 이길 수 없다. 물론 '설마' 하는 적의 허를 찌를 수 있을지는 모르겠지만 그것은 요행에 가깝다. 전쟁의 상황은 언제나 다를 수밖에 없다. 지휘관이 다르고 부하들이 다르고 적이 다르고 기상이 다르고 지형이 다르고 상황이 다르다. 그렇다면 어떻게 해야 하는가? 뒤에 이어지는 어구는 이에 대한 해결책을 제시하고 있다. '응형무궁應形無窮', 즉 그때그때의 상황에 맞춰 끝없이 변하라는 것이다. 이는 재빠른 관찰, 유연한 대처, 완전히 새로운 시도를 말하는 것이다.

5장

더 현명하게,
더 지혜롭게

기적은 절박한
자의 것이다

"죽기 아니면 까무러치기지!"

"죽기를 각오하고 싸우자!"

"죽기 살기로 한 번 해보는 거야!"

아주 어려운 일에 부딪혀 비장한 각오를 다질 때 우리는 이런 말을 한다. 살다 보면 정말 죽기를 각오하고 승부를 걸어야 할 때가 있다. 그러지 않았다가는 모든 것을 잃게 되는 한판인 경우, 특히 그렇다. 이순신 장군이 이끈 명량대첩이 바로 그런 '한판'이었다.

어떤 사람들은 명량대첩鳴梁大捷을 두고 세상에서 가장 이해하기 힘든 싸움이라고 평한다. 사실 13척의 배로 133척의 적함을 대적해 이긴 전쟁은 그 어떤 전쟁사에서도 찾아볼 수가 없다. 그것도 단 한 척의 배도 적에 의해 침몰되지 않은 완벽한 승리였다. 역사가 말해주지 않으면 믿기 힘든 일이다. 그렇다면 역사는 이 기적 같은 명량대첩에 대해 어떻게 기록하고 있는가?

1597년(선조 30년) 음력 9월 16일(양력 10월 25일), 임진왜란에 실패한 일본 군은 다시 조선을 침공해온다. 정유재란이다. 당시 이순신은 모함을 받아 옥고를 치르고 백의종군하고 있었다. 이순신을 대신해 삼도수군통제사가 된 원균은 칠천량 해전에서 패하여 조선 수군을 전멸시켰다. 선택의 여지가 없었던 선조는 이순신을 복권하여 삼도수군통제사로 기용했다.

그런데 그가 삼도수군통제사로 재임명된 다음날인 8월 15일, 조정으로부터 '수군을 없애고 육전에 참가하라'는 기가 막힌 명령이 떨어졌다. 조정은 조선 수군이 일본 수군에 대항할 수 없다고 판단했던 것이다. 그때 이순신이 올린 장계는 지금까지도 회자된다.

"신臣에게는 아직 12척의 배가 남아 있습니다. 신의 몸이 살아 있는 한 적은 감히 이 바다를 넘보지 못할 것입니다."

사실상 목숨을 건 항명이나 마찬가지였다. 이순신이 그런 장계를 올릴 수 있었던 것은 포기할 수 없는 희망이 있기 때문이었다. 비록 실낱 같은 것이라 하더라도, 희망을 가진 사람과 그러지 못한 사람 사이에는 큰 차이가 있다. 승리하는 사람은 똑같은 것을 보더라도 가능성, 성공, 희망을 찾아 발견한다. 이순신은 거기에 모든 것을 걸었다.

이순신은 12척의 판옥선을 이끌고 벼랑 끝, 즉 울돌목으로 움직였다. 울돌은 적은 수로 많은 적을 막을 수 있는 전략적 요충지다. 이순신은 1597년 9월 15일 울돌목 안쪽에 있는 전라우수영 지역으로 전선을 옮겼다. 해전 전날, 부서진 배를 한 척 수리하여 이순신의 전선은 13척이 되었다. 13척 대 133척! 이 말도 안 되는 싸움을 앞둔 시점에서 이순신은 여러 장수들을 모아놓고 유명한 결사의 메시지를 전했다.

"병법에 이르기를 '반드시 죽고자 하면 살게 되고, 반드시 살고자 하면 죽게 된다必死卽生 必生卽死'했다. 또한 '한 명이 길목을 지키면 천 명도 떨게 할 수 있다一夫當逕 足懼千夫'고 했다. 이것은 모두 우리를 두고 하는 말이다!"

드디어 결전의 날이 밝았다. 9월 16일, 일본 군이 먼저 기습 공격을 해왔다. 이것은 그동안 알려져 있던 명량대첩의 내용과는 다른 사실이다. 일본 군은 울돌목을 통과해 이순신의 함대를 에워쌌다. 원래 이순신이 계획했던 것은 울돌목에 미리 가서 일자진으로 가로막는 것이었다. 그런데 한발 늦고 말았다. 위기의 순간이었다. 이순신은 급히 기함旗艦을 몰고 적진 속으로 뛰어들었다. 이순신이 목숨을 걸고 싸우며 장수를 부르는 초요기를 올리자, 잠시 머뭇거리던 다른 장수들도 나가 싸울 수밖에 없었다. 그러던 중 누군가 외치는 소리가 울려퍼졌다.

"왜장 구루시마다!"

적장이 죽어 물에 떠다니고 있었던 것이다. 이순신은 목을 베어 적이 볼 수 있도록 했다. 그러자 일본 군은 그만 사기를 잃고 도망가기 시작했다. 때마침 조류가 바뀌었다. 지금까지는 우수영 일대의 양도 앞바다에서 싸웠기 때문에 조류가 영향을 주지 못했지만, 전장이 바깥으로 옮겨지자 울돌목 주 조류의 영향을 받게 된 것이다.

이때 또 한번 놀라운 일이 생겼다. 철수하려는 일본의 배들과 명량해협에서 전진해 올라오던 일본 배들이 서로 엉켜 부딪친 것이다. 자중지란自中之亂이었다. 이순신의 함대가 직접 분멸시킨 일본 배가 31척인데, 자기들끼리 서로 부딪쳐 파손된 전선은 무려 90여 척에 달했다! 133척에서 121척이 손실된 것이다.

이렇게 하여 모두가 패배를 점쳤던 명량대첩은 대승을 거뒀다. 작고 약한 자라도 죽기를 각오하면 얼마나 큰 힘을 발휘할 수 있는지 극적으로 보여준 사건이었다.

投之無所往 死且不北
투 지 무 소 왕 사 차 불 배

死焉不得士人盡力
사 언 부 득 사 인 진 력

병사들을 도망갈 곳이 없는 곳에 투입하면 죽더라도
도망할 수 없으니, 죽게 되었는데 어찌 힘을 다하지 않겠는가.

—구지(九地) 제11편

벼랑 끝이나 마찬가지인 울돌목으로 배를 끌고 갔던 이순신 장군의 전략에는《손자병법》구지九地 제11편의 원리가 담겨 있다. 싸워 이기는 것 외에는 살 길이 없을 때, 병사들은 아무리 불리한 상황에서도 죽을 힘을 다해 싸우게 되어 있기 때문이다.

이 같은 전략을 두고 '벼랑 끝 전략brink-manship'이라고 한다. 그런데 여기서 벼랑 끝 전략을 잘 이해할 필요가 있다. 자칫 잘못 하면 이른바 '무데뽀無鐵砲' 전략으로 오해하기 쉽기 때문이다. '무데뽀'를 국어사전에서 찾아보면, '신중함이나 대책 없이 함부로 덤비는 사람이나 그러한 태도를 속되게 이르는 말'이라 나와 있다.

그러나 벼랑 끝 전략은 이와 다르다. 궁지에 몰려 위기를 느낀다는 상황은 비슷하지만 대처하는 자세가 다르다. 벼랑 끝 전략은 계획과 생각이 담긴 분명한 전략이다. 상대방이 어떤 전략을 가지고 있든지 내가 우월하다고 생각하는 전략을 실행하는 '우월적 전략Dominant Strategy'이다.

이순신이 울돌목을 택한 데에는 그만한 이유가 있었다. 남해안 전체를 통틀어, 적은 수로 많은 수의 적을 상대할 수 있는 유일한 병목이 울돌목이었다. 또한 병사들을 피할 수 없는 형세에 집어넣어 죽기를 각오하고 싸우게 만든다는 전략이 있었다. 반면 이들을 얕잡아 보고 마구 덤벼들었던 일본 군은 마음이 해이해져 있어 이미 패배한 전쟁을 하고 있었다. 마음이 풀어지면 작은 충격에도 쉽게 무너지게 마련이다.

절실함은 사람의 마음도 움직인다

조 지라드는 자동차 세일즈업계에서는 지금까지도 깨지지 않는 신화적인 인물이다. 그는 12년 동안 1만 3,000대의 자동차를 팔았다. 세계 기네스북에 그가 올려놓은 개인 자동차 판매 부분 12년 연속 최고 판매 기록은 지금도 깨지지 않고 있다. 하지만 그가 처음부터 이렇게 성공한 인물은 아니었다. 그에게도 좌절의 순간들이 많았다. 하지만 아무리 절박한 상황에서도 그는 희망을 버리거나 절망하지 않았다.

그는 고객을 '절실한 심정'으로 모셨다. 사람은 절박할 때 마음의 중심을 움직인다. 죽을 각오로 무언가를 한다는 말이 의미를 가지려면, '온전히' 몰입해야 한다.

지금 도저히 다시 일어날 수 없을 것 같은 좌절의 순간을 맞이하고 있는가? 어쩌면 당신은 기적을 일으킬 수 있는 출발점에 서 있는 건지도 모른다. 그렇게 절박한 사람만이 '얻고자 하는 일'을 위해 전력을 다할 수 있기 때문이다. 하지만 절박한 현실만 보고 절망하는 사람은 아무것도 얻을 수 없다. 이것이 희망을 품은 사람과 희망을 버린 사람의 차이다.

혹은 때로 스스로를 절벽에 세울 필요도 있다. 인생의 전쟁에서 맨주먹으로 승리의 기적을 이루고 싶다면 말이다.

우직하게 배우고,
기발하게 승부하라

"창이 총을 이겼다!"

이것이 정말 가능한 일일까? 영국인들은 저 멀리 아프리카에서 날아온 믿기지 않는 소식을 듣고 귀를 의심할 수밖에 없었다.

1879년 1월 21일 오전 9시, 아프리카 남부 이산들와나Isandlwana 평원에서 4만 명의 줄루 족 전사들이 1,800명밖에 되지 않는 영국 군을 덮쳤다. 수적 열세가 엄청났지만, 영국 군은 오히려 그들의 공격을 반겼다. 신식 무기로 단숨에 해치울 수 있으리라 생각한 영국 군에게 창과 방배를 들고 덤비는 줄루족의 공습은 시간과 비용을 덜 들이고 손쉽게 승리를 얻을 수 있는 '기회'로 보였기 때문이다.

그런데 오후 2시쯤 끝난 전투의 결과는 상식을 뒤엎는 것이었다. 줄루 족의 압승. 영국 군은 1,800명 중 1,329명(원주민 기병대 471명 포함)의 전사자를 내고 처참하게 쫓겨났다. 도리깨와 가죽 방패로 무장한 미개한 흑인 군대에게 신식 무기로 무장한 대영제국이 패했다는 사실은 영국뿐 아니라 유럽 대륙 전체에 크나큰 충격을 주었다.

그런데 이 전투의 중심에는 한 명의 탁월한 리더가 있었다. 바로 '검은 나폴레옹'이라고 불리던 샤카Shaka였다. 사실 이산들와나 전투를 치른 것은 샤카가 아니라 줄루 족의 마지막 왕 케츠와요Cetschwayo였다. 샤카는 전투가 벌어지기 50년 전에 이미 죽은 상황이었다. 그럼에도 그 승리의 뿌리는 샤카에게 있었다고 봐야 한다. 줄루 족 전사들이 보여준 전력의 기반을 닦아놓은 것이 바로 그였기 때문이다.

샤카는 무슨 준비를 했는가? 먼저 그는 개인의 전투력을 향상시켰다. 우선 전사들의 발바닥을 단련시켰다. 어떤 땅에서든 맨발로 다니도록 하고, 나중에는 하루에 80㎞를 맨발로 달리게 하였으며, 가시가 깔린 땅에서 훈련을 실시하기도 했다. 두 번째로는 줄루 족의 기본 무기인 창을 개량했다. 이전의 창은 던지는 창이어서, 한 번 던져버리고 나면 다시 사용할 수가 없었다. 그래서 샤카는 손잡이는 더 무겁게, 길이는 더 짧게, 날은 평평하면서 날카롭게 변형했다. 던지지 않고 적을 찌르기에 아주 좋은 창을 개발한 것이다. 세 번째로는 나무와 쇠가죽으로 된 방패를 개량했다. 전투 때 들고 다니기 쉽도록 크기를 줄인 것이다.

이렇게 각 전사들 개인의 기초 전력을 다진 다음에는 부대 전체가 잘 싸울 수 있는 체제를 개발했다. 우선 집단 통제력을 높이기 위해 나이에 따라 연대 조직을 편성했다. 그와 함께 독특한 표준 전술도 개발했는데, '임폰도 잔코모'라고 불리는 '황소의 뿔' 전술이 그것이다. 개인 기술과 조직 기술에 이어 우월한 시스템적 기술까지 창안한 것이다. 황소의 뿔 전술은 주력 부대가 위치하는 황소의 가슴, 바로 그 뒤에 위치하는 예비대 개념의 황소 옆구리, 그리고 최정예 부대로 적의 측면이나 후방을 기습 공격하는 황소의 뿔로 구성된다.

샤카의 전사戰士 훈련 프로그램을 보면, 먼저 정석적인 훈련으로 개인의 역량을 높인 뒤 그들이 모인 집단의 힘을 최대한 높일 창의적인 방법을 찾았음을 알 수 있다. 한 명의 천재가 종족을 살린 것이다.

以正合 以奇勝
이 정 합 이 기 승

정으로 대치하고 기로써 승리를 거둔다.

— 병세(兵勢) 제5편

경쟁을 하거나 싸움을 할 때는 정正으로 기반을 쌓은 다음 기奇를 이용하여 이겨야 한다는 말이다. 이 말은 샤카의 훈련 프로그램에도 잘 들어맞는다. 그는 전사와 무기 등 싸움에 필요한 전투력 하나하나를 바르게[正] 갖추어 나간 다음, '황소의 뿔'이라는 창의적이고 독특한 전술을 개발하여[奇] 실전에서 승리를 거두도록 했다. 이것이 기정전략奇正戰略이다.

그렇다면 여기서 말하는 정正은 정확히 무엇인가? 이것은 크게 두 가지로 나눌 수 있다. 눈에 보이는 유형 전력戰力에 있어서의 정과 눈에 보이지 않는 무형 전력에서의 정이다.

유형 전력으로서의 정은 힘의 실체를 말한다. 예를 들면 전쟁을 하기 위해 준비하는 전차, 전투기, 대포, 미사일, 구축함, 잠수함, 어뢰, 지뢰, 통신 장비, 요새 등을 포함한다. 즉 전쟁을 하기 위한 기초 자산이다. 기업 경영에서 보자면 자본력, 공장, 기계, 설비, CEO, 숙련된 기술자, 연구원 등의 인적·물적 자산이 해당된다.

반면 무형 전력에서의 정은 정도正道나 원칙原則을 말한다. 기업 세계에선 상도商道가 되겠다. 또한 눈에 보이지 않는 힘인 인력 훈련 수준, 숙련도, 기술력, 지적 노하우 등도 이에 해당된다.

다음으로 기奇란 그때그때의 상황에서 승리를 위해 적용할 새로운 전략을 가리킨다. 즉 새로운 아이디어나 창조적 발상, 아무도 생각지 못한 돌출 기법을 말한다. 적과 마주할 때는 정력正力으로 하다가 적이 전혀 눈치 채지 못하게 적의 측방이나 후방으로 특공대나 기병을 보내는 것, 이것이 기이다. 바로 이런 것이 결정적인 승리를 엮어내는 역할을 한다. 기를 잘 쓸 수 있는가 없는가는 전적으로 창의력에 달려 있다. 손자는 그에 대해 이렇게 말했다.

"기를 잘 쓰는 자는 그 끝없음이 천지와 같고, 마르지 않음이 강이나 바다와 같다善出奇者 無窮如天地 不竭如江海."

정과 기는 밀접한 관계에 있다. 정의 힘이 약할 때는 기가 발휘되는 영역이 제한된다. 기奇와 정正은 서로에게 영향을 주어, 돌고 돌며 그 힘을 확장시켜 승부의 세계에서 막강한 위력을 발휘한다. 이러한 시너지 효과Synergy Effect에 대해 손자는 이렇게 말했다.

"본래 소리와 색깔은 다섯 가지이지만 서로 섞으면 그 변화는 이루 말할 수 없다. 기정奇正도 두 가지에 불과하지만 그 변화를 다 알 수 없다奇正之變不可勝窮."

단단한 기본 위에 더해진 사고의 전환

정이란 싸움을 위한 기초이자, 어떤 일을 하기 위한 기본 바탕이다. 이것이 약하면 오래가지 못하고 언젠가는 무너진다.

현재 세계에서 가장 높은 건물은 두바이에 있는 부르즈 칼리파Burj Khalifa이다. 2010년 1월 4일 개장했는데 162층에 높이가 828m나 된다. 63빌딩(249m)이나 남산(262m)의 세 배쯤 되는 높이다. 그런데 이보다 170m나 더 높은 건물이 사우디아라비아 제다에 세워진다고 한다. 높이가 무려 1,000m도 넘는 킹덤 타워Kingdom Tower이다. 이것을 가능하게 하는 것은 바로 기초다. 부실 공사나 편법을 쓰지 않고 정으로 건축하였기 때문에 가능한 것이다.

정의 기초가 갖추어진 다음에 필요한 것은 기공법이다. 아무리 기초가 잘 다져졌다 하더라도 높이가 1,000m를 넘는 건물을 세우겠다는 야무진 생각을 해내지 못했다면, 세상을 놀라게 할 건물은 생겨나지 못했을 것이다. 그렇다면 그러한 기발함을 끌어내려면 어떻게 해야 할까?

아이디어를 끌어내는 방법 중 하나로 많이 얘기되는 것이 원탁회의다. 원형 테이블에는 상석이 따로 없다. 따라서 심리적인 부담이 적어 신입사원도 호랑이 부장 앞에서 주저 없이 아이디어를 낼 수 있다. 또한 새로운 아이디어는 사물을 보는 관점을 바꾸는 데에서 나온다. 고객의 불만 사항이 있어 그 해결책을 모색하다가 생각지도 못했던 히트 상품이 개발되기도 한다. 늘 개발하는 입장에서 보다가 사용하는 사람의 입장에서 보면 한 번도 보지 못하던 것을 볼 수도 있기 때문이다.

파블로 피카소는 '어떤 화가들은 태양을 하나의 노란 점으로 바꾼다. 반면 또 어떤 이들은 노란 점을 태양으로 바꾼다'고 말한 적 있다. 기발한 생각을 해내는 관점의 전환에 대해 지적한 멋진 말이 아닌가. 정正의 힘은 노력으로 얻어내는 것이다. 이런 노력이 바탕이 되면 세상을 놀라게 할 아이디어를 만들 수 있을 것이다.

변하지 않으면
살아남기 힘들다

카이사르가 내전을 종식한 결정적인 전투는 파르살루스Pharsalus 전투다. 이 전투는 알레시아 공방전과 함께 카이사르의 군사적 천재성을 보여준 전투로, 기원전 48년 8월 9일 그리스 테살리아 지방의 파르살루스 평원에서 벌어졌다.

이때 상대인 폼페이우스Graeus Pompeius Magnus 측 병력 규모는 보병 110개 대대 4만 7,000명에 기병이 7,000기였고, 반면 카이사르 측은 보병 80개 대대 2만 2,000명에 기병 1,000기였다. 수적으로 볼 때 폼페이우스 측이 월등히 우세한 상황이었다. 폼페이우스를 따라나선 원로원의 위원들은 아예 카이사르의 패배를 기정 사실화해놓고 폼페이우스에게 빨리 끝장을 내라고 독촉했다.

7배나 많은 폼페이우스의 기병은 카이사르에게는 절대적인 위협이었다. 전쟁의 승패는 바로 이 기병을 어떻게 처리하느냐에 달려 있었다. 그래서 카이사르는 이제까지의 전쟁사에서는 볼 수 없었던 기발한 전략 예비대를 만들었다. 별동대를 편성한 것이었다.

중무장 보병의 제3열에서 차출된 6개 대대(2,000명) 군사들은 40대 전반의 최고참병으로 카이사르 휘하에서 10년 이상 싸워온 역전의 용사들이었다. 적 기병대에 로마 명문가의 자제들이 많다는 것을 안 카이사르는, 별동대에게 창을 던지지 말고 뾰족한 창끝으로 그들의 얼굴을 겨누라고 지시했다. 별동대는 적 기병의 눈에 띄지 않게 제3열의 우측 후방에 비스듬히 자리 잡았다.

만반의 준비를 갖춘 카이사르는 평원에 진을 쳤다. 반면 폼페이우스는 높다란 언덕 위 유리한 위치에 진을 쳤다. 카이사르는 적을 끌어내리기 위해 유인 작전을 펼쳤다. 진영을 걷어치우고 그들이 보는 앞에서 수송 부대를 왔다 갔다 하며 나팔을 불어 성질을 돋웠다. 의도대로 폼페이우스가 걸려들었다. 비탈 위에서 내려와 평원에 진을 친 것이다.

공격이 시작되자 7,000기의 폼페이우스 기병들이 함성을 지르며 1,000기의 카이사르 기병을 향해 달려들었다. 열세를 극복하지 못한 카이사르 기병은 뒤로 물러나기 시작했고, 그 빈 자리로 카이사르의 우측이 노출되었다. 그러자 폼페이우스의 기병들이 때를 놓치지 않고 카이사르의 우측과 배후를 포위하기 시작했다.

바로 이때! 우측 후방에 숨어 있던 별동대가 일제히 공격에 나섰다. 카이사르의 명령대로 얼굴을 집중적으로 공격하자 상처를 입을까 두려워한 로마의 자제들은 달아나기 바빴다.

기병전에서 승패가 갈리자 카이사르는 가장 강한 제10군단을 주축으로 한 예비대 제3열을 앞으로 전진시켰다. 제1, 2열의 지친 병력과 교체 투입된 제3열은 펄펄 날며 폼페이우스의 좌익을 순식간에 붕괴시켰다. 때맞춰 나타난 별동대와 기병들은 폼페이우스의 왼쪽과 후방을 동시에 강타했다.

힘없이 무너져가는 부대를 본 폼페이우스는 변장을 하고 몰래 라리사로 도망갔다. 이 전투에서 폼페이우스 군의 전사자는 6,000명에서 1만 5,000명 가량 된다. 반면 카이사르 군은 불과 200명의 병사를 잃었을 뿐이었다. 그런데 그중 30명이 백인 대장이었다. 이는 곧 높은 직위에 있는 사람이 앞장서서 솔선수범했다는 얘기다.

戰勝不復　應形無窮
전 승 불 복　응 형 무 궁

전쟁에서 승리의 방법은 반복되지 않는다.
상황에 맞추어 끝없이 변화하라.

—허실(虛實) 제6편

227

더 현명하게, 더 지혜롭게

허실虛實 제6편에 보면 유명한 '전승불복戰勝不復'이란 말이 나온다. 전쟁에서 승리하는 방법은 반복되지 않는다는 말이다. 전쟁에서 한 번 이긴 방법을 똑같이 써서는 두 번 다시 이길 수 없다. 물론 '설마' 하는 적의 허를 찌를 수 있을지는 모르겠지만 그것은 요행에 가깝다. 전쟁의 상황은 언제나 다를 수밖에 없다. 지휘관이 다르고 부하들이 다르고 적이 다르고 기상이 다르고 지형이 다르고 상황이 다르다. 그렇다면 어떻게 해야 하는가?

뒤에 이어지는 어구는 이에 대한 해결책을 제시하고 있다. '응형무궁應形無窮', 즉 그때그때의 상황에 맞춰 끝없이 변하라는 것이다. 이는 재빠른 관찰, 유연한 대처, 완전히 새로운 시도를 말하는 것이다. 카이사르는 이것을 잘했다. 특히 6개 대대를 별도로 편성해서 전략 예비대로 사용한 것은 처음 있는 일이었다. 카이사르는 수적으로 불리한 상황에 꼭 필요한 새로운 전략을 만들어낸 것이다.

그런데 우리는 전승불복의 또 다른 의미에 주목할 필요가 있다. 그것은 영원한 승자도 영원한 패자도 없다는 것이다. 승리와 패배는 돌고 도는 것이다. 그렇기 때문에 지금 이겼다고 해서 절대로 자만해서는 안 된다. 자만하다 보면 어느새 엎어지게 마련이다. 마찬가지로 지금 졌다고 해서 모든 게 끝난 것처럼 절망할 필요도 없다. 포기만 하지 않는다면 기회는 언제나 있다. 기회는 돌고 돌기 때문이다.

오감으로 변화를 감지하기

매순간 변화에 대처해야 하는 것은 비단 전쟁에만 해당되는 얘기가 아니다. 비즈니스 세계나 인간관계에서도 마찬가지다. 세상은 시시 때때로 변하고, 만나는 사람들과 상황들도 각각 다르다. 게다가 지금은 그 속도도 엄청나게 빨라졌다.

어제의 성공이 오늘까지 보장되지 않는다. 한번 성공했다고 자만하여 필요한 때에 혁신하지 않고 안주하다가는 언제 사라져버릴지 모르는 세상이다. '세상에 변하지 않는 것은 변화한다는 진리뿐'이라는 말도 있지 않은가? 결국 변화는 피해갈 수 없는 것이다. 그런 점에서 다윈이 말한 '살아남은 것은 가장 강한 종이 아니라 변화에 잘 적응하는 종이다'라는 말은 반드시 새겨들어야 할 교훈이다.

변화에 대처하려면 항상 깨어 있어야 한다. 이는 사소한 것이라도 민감하게 받아들여야 한다는 말이다. '삶은 개구리 증후군Boiled frog syndrome'이란 것이 있다. 미국 코넬 대학교에서 물이 담긴 비커에 개구리를 넣고 온도를 높이는 실험을 했는데, 갑자기 온도를 높인 경우에는 개구리가 뜨거운 것을 느끼고 뛰쳐나갔지만 천천히 온도를 높이자 변화를 감지하지 못한 채 가만히 있다가 죽었다. 삶은 개구리 증후군은 이 실험을 기반으로 나온 이론인데 주위의 변화를 감지하고 대처하지 못해 도태되는 경우를 가리킨다.

사람도 마찬가지다. 갑작스럽게 다가오는 위기 상황에는 위기감을 느끼고 화들짝 놀라서 대비를 하지만, 서서히 무너지는 것은 알아차리지 못한 채 자멸하는 경우가 많다.

삶은 개구리 증후군에서 벗어나려면 무엇보다 내가 원하는 기준이나 느낌으로만 판단하지 말고 열린 마음으로 변화를 직시하는 것이 필요하다. 변화는 어느 날 갑자기 완전히 다른 얼굴로 나타나는 것이 아니라, 물의 온도가 오르는 것처럼 서서히 일어나기도 하기 때문이다. 그렇기에 변화를 알아차리려면 늘 오감五感을 총동원해야 한다. 보고, 듣고, 맛보고, 냄새 맡고, 만져보면서 변화를 느껴야 한다. 뭔가를 느끼고 찾아내려고 마음만 먹는다면 미세한 변화도 발견할 수 있고, 이것이 적신호인지 청신호인지를 판별하여 갈 방향을 찾아낼 수 있을 것이다.

상대가 거대할수록
치명적인 급소를 찾아라

큰 화물선에 컨테이너를 하역하는 작업에 쓰이는 어마어마한 크기의 크레인, 그것을 골리앗 크레인이라 부른다. 큰 골리앗 크레인은 높이가 115미터나 되는 것이 있고, 한 번에 1,650톤이나 되는 짐을 번쩍 들어 올리는 놈도 있다. '골리앗'이란 성서에 나오는 거인의 이름으로, 그는 이스라엘의 어린 목동 다윗과 맞서 싸운 블레셋의 장수였다. 우리는 가끔 상대가 되지 않을 정도로 터무니없이 큰 상대와의 싸움을 가리켜 '다윗과 골리앗의 대결'이라 하는 것은 여기서 비롯되었다.

이스라엘과 블레셋이 맞붙었을 때 블레셋 진영에서 골리앗이란 거인 장수가 나왔다. 키가 자그마치 2m 93cm나 되는 그는 놋 투구와 놋 갑옷을 갖춰 입었고, 창날의 무게만 해도 7㎏이나 되는 놋 단창으로 무장하고 있었다. 이를 본 이스라엘 군인들은 겁에 질려 아무도 그와 맞서 싸우려 나서지 않았다.

그때 자그마한 체구의 10대 소년 다윗이 나섰다. 그는 큰소리로 이스라엘군을 농락하는 골리앗의 어마어마한 덩치에 전혀 기죽지 않고, 준비해 간 물맷돌을 그를 향해 날렸다. 돌은 순식간에 골리앗의 이마에 꽂혔다. 다윗은 이 순간을 놓치지 않고 달려가 벌러덩 자빠진 골리앗의 목을 베었다.

상대가 되지 못할 것 같던 다윗이 골리앗을 이길 수 있었던 핵심 요인은 다윗이 적의 급소를 잘 알고 그 급소를 집중적으로 공격했다는 것이다. 다윗은 골리앗의 이마 정중앙을 노렸다. 다른 곳은 완전무장으로 가렸지만 그곳만은 가리지 않았기 때문이다. 눈썹 사이의 이마 중앙은 황정혈黃庭穴이라는 곳으로, 단 한 번의 타격으로 죽음에까지 이를 수도 있는 아주 치명적인 급소다. 다윗이 노린 황정혈은 군사적인 용어로 따져보면 '중심重心, Center of Gravity'에 해당한다. 이는 이곳에 타격을 입으면 다른 것도 함께 무너지는 힘의 중추라는 뜻이다. 다윗은 그런 골리앗의 중심을 노려 돌팔매 한 방에 기절시켰다. 그리고 칼로 목을 벴다. 만약 처음부터 칼로 목을 베겠다고 덤벼들었다면 분명히 실패했을 것이다. 아니 오히려 골리앗의 반격에 목숨을 잃었을지도 모른다.

그런데 소년 다윗은 어떻게 이런 대담한 전략을 사용할 수 있었을까? 그것은 자신의 실력에 확신을 갖고 있었기에 가능했다. 다윗은 양떼를 돌보는 목동이었다. 양떼를 들판에 방목하여 기르다 보면 늑대니 곰이니 사자니 하는 맹수들이 수도 없이 달려든다. 그때마다 다윗은 물맷돌로 들짐승들을 제압해왔다. 다윗이 골리앗과 맞서겠다고 나설 때 말리는 사울 왕에게 한 말 또한 이것이었다.

"양을 지킬 때 사자나 곰이 와서 새끼 양을 물어가면 내가 따라가서 그것을 치고 그 입에서 건져내었고, 그것이 일어나 나를 해하고자 하면 내가 그 수염을 잡고 쳐 죽였습니다."

목동 다윗의 표적은 느릿느릿 이동하는 것이 아니라 날쌔게 움직이는 사자나 곰이었다. 이런 동물들을 상대하며 물맷돌을 던질 때는 정확히 그들의 급소를 노려야 한다. 만약 한 방에 급소를 맞히지 못하면 오히려 화를 돋워 죽임을 당할 수도 있다. 그렇기 때문에 다윗은 재빠르게 움직이는 맹수의 급소를 정확히 조준해서 타격했다. 그리고 그런 일을 반복해온 다윗의 실력은 눈을 감고도 급소를 맞힐 정도가 되었던 것이다. 그러니 골리앗같이 크고 느린 사람을 상대하기란 오히려 쉬운 일이었을 것이다.

아무리 좋은 전략도 기본적으로 실력이 뒷받침되지 않으면 무용지물이 된다. 그의 탄탄한 실력은 자신감의 기본이 되었다. 또 하나 다윗에게는 신에 대한 확고한 믿음이 있었다. 믿음은 자신감을 가져다주는 또 다른 중요한 요소였다.

다윗의 승리 요인 중 또 다른 한 가지는 자신이 가장 잘할 수 있는 방법을 택했다는 것이다. 골리앗과 싸우러 나서기 전 이스라엘 왕은 자신의 갑옷을 입혀주었다. 하지만 다윗은 무겁고 몸에 맞지 않는 갑옷을 마다하고 평소처럼 가벼운 차림을 하고 싸우러 나갔다. 상황과 형편을 보고 자신이 가장 잘 싸울 수 있는 방법, 즉 자신의 강점이 가장 잘 먹힐 수 있는 방법으로 싸운 것이다. 이렇게 보면 다윗의 전략은 크게 급소 공격과 자신의 강점 활용으로 요약할 수 있다.

攻其所必救也
공 기 소 필 구 야

반드시 구해야 할 급소를 쳐라.
— 허실(虛實) 제6편

손자는 허실 편에서 급소 공격의 중요성을 강조했다. 급소는 반드시 지켜야 하는 핵심 부분을 말한다. 사람이나 동물에게는 다치면 목숨이 위험해지는 부분, 전쟁에서는 빼앗기면 안 되는 지점, 경제에서는 수익을 좌우하는 분야가 될 것이다. 그 급소를 노리면 상대방은 그것을 지키기 위해 안간힘을 쓴다. 그러다 보면 곧 힘이 소진된다. 급소를 노려야 하는 또 다른 이유는 그렇게 함으로써 싸움을 내가 원하는 방향으로 끌고갈 수 있다는 데 있다. 손자는 이렇게 말한다.

"그러므로 내가 싸우고자 하면, 적이 아무리 성루를 높이고 참호를 깊이 파도 어쩔 수 없이 나와 싸울 수밖에 없다. 적이 반드시 구해야 하는 급소를 공격하기 때문이다故我欲戰, 敵雖高壘深溝, 不得不與我戰者, 攻其所必救也."

급소를 노리면, 그것을 지켜야 하는 적은 내 의도대로 따라오게 된다는 의미다. 그래서 상대방이 그곳에만 신경을 곤두세우다가 허점을 보이면 지체 없이 공격하는 것이 지혜로운 자의 전략이다. 손자는 이 부분에 대해 이렇게 말했다.

"나아가되 적이 나를 막을 수 없는 것은 적의 허를 치기 때문이다進而不可禦者 衝其虛也."

정리하면 이렇다.

'싸움에서 이기려면 적의 급소를 노려라. 그리고 허점이 발견되면 즉시 공격해서 승기를 잡아라.'

다윗이 골리앗의 이마 중앙을 노려 공격한 것은 효과에 기반을 둔 급소 공격으로, 오늘날 전쟁뿐만 아니라 사회와 경제의 모든 경쟁 분야에서도 응용 가능한 전략이다.

모든 일에는 반드시 약점이 있다

인생을 살다 보면 만만치 않은 적수를 만날 때가 있다. 어떤 경우에는 그 적이 마치 골리앗같이 어마어마한 복병일 때도 있다. 성적은 모자라는데 가고 싶은 대학의 문턱은 높은 경우, 세계 유수의 기업들과 경쟁하여 입찰을 따내야 하는 경우, 개발중인 신상품이 진입할 시장에 대기업이 진을 치고 있는 경우, 신체적 기술적으로 엄청나게 우세한 상대와의 경기를 준비할 때 등등.

자, 그러니 어떻게 할 것인가? 그 자리에 털썩 주저앉을 것인가? 그럴 수는 없다. 마음 단단히 먹고 어떻게든 극복해나가야 하지 않겠는가? 마음을 고쳐먹었다면 이제 기억해내라. 아무리 대단해 보이는 상대라 해도 자세히 살펴보면 약점이 있게 마련이란 것을. 그 약점을 급소 삼아 집중적으로 공략한다면, 그 상대가 사람이건, 시험이건, 계획이건, 상품이건 간에 굴복시킬 수 있다.

단 세심하게 관찰해서 반드시 정확한 급소를 찾아야 한다. 절대 주눅 들거나 엉뚱한 헛다리를 짚어서는 안 된다. 자칫 잘못하면 오히려 상대에게 더 큰 기회를 줄 수도 있다. 정신만 차리면 골리앗과 같이 커다란 장애물에서도 무너뜨릴 틈새를 찾을 수 있다. 오히려 장애물이 크면 클수록 그것을 극복한 뒤의 자긍심과 자신감은 더 클 것이다.

더 탁월한
하나의 힘을 위하여

"한니발이 문 앞에 와 있다Hannibal ad portas!"

로마의 어머니들은 어린 아이가 울 때면 이 말을 했다고 한다. 로마 사람들의 뇌리에 한니발이 얼마나 무서운 존재로 박혀 있는지 잘 알 수 있는 예이다. 나폴레옹은 한니발에 대해 이렇게 평가했다.

"세상에서 가장 위대한 이 사나이는 약관의 나이에 아무도 생각지 못한 것을 생각해냈다. 조국의 도움도 없이 적국 및 알려지지 않은 종족들을 강타했고 승리했다. 아무도 넘을 수 없을 것이라 여겼던 피레네 산맥과 알프스 산맥을 넘어 이탈리아로 내려가 정의를 위해 전장을 휩쓸었다. 이탈리아를 15년간이나 지배하고 통치했으며, 몰락하기 전까지 공포에 떠는 로마를 여러 번 가격했다."

그렇다면 그가 알프스를 넘어가 벌였던 칸나에 전투는 어떤 전투인가? 제2차 포에니전쟁 중이던 기원전 216년에 이탈리아 중부 아프리아 지방의 칸나에 평원에서 로마 군과 한니발이 이끄는 카르타고 군 사이에 벌어진 전투이다. 한니발은 이탈리아를 침공하기 위해 보병 9만 명과 기병 1만 2,000명, 그리고 코끼리 37마리를 이끌고 알프스를 넘기 시작했다. 6개월 후, 이들 중 4분의 1도 안 되는 병력만이 추위에 지치고 굶주려 탈진한 채 북부 이탈리아 평원에 도착했다. 알프스를 가로지른 한니발의 행군은 세계 전쟁사 가운데서도 가장 뛰어난 업적 중 하나이다.

기원전 216년 8월 2일 칸나에 평원에 역사적인 날이 밝았다. 로마 군의 지휘관은 신중한 성격의 파울루스와 성급한 성격의 바로였다. 그들은 1만의 병력만 야영지 경비를 위해 남겨놓고, 남은 7만여 명을 모두 전장에 배치했다. 로마 군은 수적 우세를 이용해 적을 압도하기 위해 전열을 강화했다. 로마 군이 바로의 지휘 하에 있음을 간파한 한니발은 그의 성급한 성격을 이용하는 대담한 계획을 수립했다. 우선 중앙부로 적의 주력을 자석처럼 끌어들인 뒤 진영 깊숙이 들어온 적을 강화된 양 날개의 군사들로 활처럼 포위하여, 측방과 후방에서 기병으로 타격하겠다는 작전이었다.

창과 투창과 돌들이 빠르게 날며 양쪽 부대의 경보병들이 서전을 열었다. 나팔수들의 나팔 소리를 신호로 로마 보병대가 전진하기 시작했다. 수많은 투창들이 머리 위로 날아와 무수한 한니발군들이 죽어갔다. 승리를 확신한 바로는 전열을 더욱 강화하기 위해 제2전열의 소대들을 제1전열 사이로 밀어 넣었다. 하지만 이로 인해 병사들의 기동성이 떨어졌다. 이때 한니발은 중앙군을 서서히 뒤로 물러서게 했다. 그러자 바로는 더욱 광분하여 제3전열과 기타 경보병까지도 제1전열에 투입했다.

이런 공격에 겁을 먹은 한니발의 중앙부 병사 일부가 칼과 방패를 던지고 도망가려 했다. 위기였다! 이때 한니발이 솔선수범하여 동요를 막았다. 한니발은 진두에 서서 독전하며 질서를 되찾았다. 만약 이때 중앙부가 무너졌다면 칸나에의 전설은 없었을 것이다.

조금씩 뒤로 물러서는 한니발 군을 신나게 쫓아 들어왔던 로마 군은 모든 군사들이 1전열에 빽빽하게 늘어서 이제 옴짝달싹할 수 없게 되어버렸다. 그러자 결정적 순간에 한니발은 중앙군의 퇴각을 중지시키고 양 날개쪽 군사들을 기동, 로마 군의 양 측면에 무자비한 공격을 시작했다. 양익군은 가장 강력한 군대로 편성되어 있었다. 중앙과 좌우, 그리고 후방으로부터 맹렬한 공격을 받은 로마 군은 필사적으로 저항했으나, 병사들 대다수가 칼조차 제대로 빼지 못하는 밀착 상태에서 피를 흘리며 죽어갔다.

역사학자 폴리비우스는 이 상황을 다음과 같이 묘사했다.

"바깥쪽의 병사들이 계속 쓰러지자 살아 있는 병사들은 점점 뒤로 물러날 수밖에 없었으며, 떼지어 모여 있던 그들은 결국 서 있던 자리에서 모두 죽임을 당했다."

바로는 기병 50명의 호위를 받으며 도망갔다. 칸나에 벌판에는 로마 군 보병 4만 7,000여 명과 기병 2,700명이 쓰러져 죽어 있었다. 반면 한니발 군의 전사자는 8,000여 명에 불과했다. 이러한 전투를 두고 전사학자들은 '섬멸전'이라 불렀다.

道天地將法
도 천 지 장 법

단결, 기상, 지리, 리더, 시스템
— 시계(始計) 제1편

《손자병법》시계 편에서는 손자가 오사五事라 칭한 조직의 힘을 키우는 다섯 가지 요소를 이야기한다. 오사란 도道, 천天, 지地, 장將, 법法이다.

도는 조직의 단결력을, 천은 기상적 요소를, 지는 지리적 요소를, 장은 리더의 자질을, 법은 조직의 시스템적 요소를 가리킨다. 그런데 이 중 도와 장과 법의 조건은 검토해보고 미흡하다 판단될 경우 노력하여 보완하는 것이 가능하다. 하지만 천과 지의 요소는 인위적인 보완이 어렵기 때문에 주어진 환경을 내게 유리하도록 이용하는 지혜가 필요하다.

이 다섯 가지 요소를 가지고 칸나에 섬멸전의 한니발군과 로마 군의 조건들을 간략히 비교해보자. 우선 도의 요소에 있어서는 한니발이 월등히 앞섰다. 한니발은 출신도 제각각인 오합지졸의 군대를 특유의 인간적 매력과 리더십으로 단합시켰다. 알프스를 넘을 때에도, 혹독한 행군 중에도, 그리고 공포의 무적 로마 군과 싸울 때에도, 누구 하나 그를 배반하고 도망가지 않았다. 돈을 받고 고용된 용병들이 대부분인 한니발군의 군사들이 어떻게 그렇게 충성할 수 있었을까? 그것은 한니발이 병사들과 동고동락하며 마음을 맞춘 덕분이었다. 한니발은 지휘관이었지만 일반 병사들과 함께 생활하면서 함께 추위에 떨고 굶주리며 땅바닥에 외투를 깔고 잤다.

천의 조건은 양측에 똑같이 주어졌다. 하지만 다음 요소인 지地에 있어서는 한니발이 앞섰다. 유리한 지점을 의도적으로 선점했던 것이다. 대규모 포위 작전을 구사하자면 넓은 장소가 필요했다. 가능하면 결정적인 역할을 할 기병이 마음껏 뛰어다닐 평원이 좋을 것이었다. 그래서 칸나에 평원을 택해 로마 군을 교묘하게 유인해냈던 것이다.

장의 요소에 있어서도 한니발이 앞섰다. 한니발의 군대에는 잘 훈련되고 능력 있는 지휘관들이 많았다.

하지만 법의 요소에 있어서만큼은 로마 군이 월등히 앞섰다. 칸나에 섬멸전 현장에서는 한니발 군이 우수했지만 전체적으로 볼 때는 로마 군의 시스템을 따라갈 수 없었다. 한니발이 끝내 로마를 정복하지 못한 이유가 바로 여기에 있었다. 카르타고에는 한니발 한 사람만 존재했지만, 인재풀이 항상 가동되고 있던 로마에는 열 명의 한니발이 존재하고 있었던 셈이다. 인재를 시스템으로 관리했던 로마는 그 후로도 위력을 발휘해, 결국에는 카르타고를 잿더미로 만들고 역사에서 사라지게 만들었다.

개인의 탁월함을 뛰어넘는 조직의 힘

한니발과 로마 군의 이야기는 개인의 탁월함보다 조직적 시스템의 탁월함이 더 중요하다는 교훈을 보여준다. 조직을 강하게 만들고자 한다면 위에 제시한 다섯 가지 요소를 기준으로 하여 내가 몸담고 있는 조직의 상태를 점검해보는 것부터 시작해보자.

먼저 회사에서 도란 결국 조직 문화이다. 그 상태를 알아보기 위해 다음 질문을 던져보자. '사장부터 직원들까지 하나의 미션을 향해 한마음으로 단결하고 있는가?' '힘들고 어려운 일이 있을 때 서로를 아끼고 양보하며 용기를 주는 분위기가 조성되어 있는가?' '모든 조직 구성원들은 문제의 근원을 자신에게서 찾고, 협력에서 해결점을 찾으며 주어진 직책에서 최선을 다하고 있는가?' '상사는 진정으로 부하 직원을 사랑하며, 부하 직원은 상사를 진정으로 존경하는가?'

다음으로 천의 요소란 시장 상황과 미래 트렌드라고 할 수 있다. 시장은 늘 변화무쌍하게 바뀐다. 당연히 비즈니스 환경도 그에 따라 달라질 수밖에 없고, 그 안에서 일하는 사람들도 이에 대해 항상 관심을 기울여야 한다. 천이란 결국 나에게 주어지는 조건, 다시 말해 내가 헤쳐가야 할 '상황'이다. 나의 조직이 그에 맞춰 유연하게 변화할 수 있는지 판단해봐야 한다.

지의 요소는 말 그대로 지역적 우위나 지형적 우위를 점하는 것이다. 물리적인 측면에서 본다면 신축하고 있는 공장의 위치가 물류 나 원자재 수급에 유리한 곳인지 등을 살피는 것이고, 무형적인 측면으로 본다면 내가 경쟁 업체 등과 협상을 할 때 유리한 위치를 점하고 있는가 하는 것 등이 해당된다.

장의 요소를 점검할 때에는 조직의 간부들이 실력과 인격 면에서 충분한 자질을 갖추었는지, 부족하다면 어떤 구체적인 방법으로 향상시킬 것인지를 따져보아야 한다.

마지막으로 법의 요소는 매우 다양한데, 그중에서도 가장 중요한 것은 사람을 살피는 시스템이 잘 갖춰져 있는가 하는 것이다. 모든 일은 사람에서 시작되고 사람에서 끝난다. 그러기에 인재를 등용하고, 교육하는 개발 시스템, 성과를 인정해주고 더욱 북돋아주는 상벌 시스템 등이 잘 갖춰져 있는지 살펴야 한다. 또한 위로부터 아래까지 의사 소통이 잘 이루어질 수 있는 시스템이 갖춰져 있는지, 혁신적인 발언이나 아이디어를 인큐베이팅할 수 있는 시스템은 잘 갖춰져 있는지 등을 살펴야 한다.

빠르고 거세게
몰아칠 때 힘이 생긴다

1976년 우간다에서 있었던 이스라엘 특공대의 엔테베Entebbe 구출 작전은 그야말로 번갯불에 콩을 볶아 먹은 작전이었다. 영화 〈미션 임파서블〉을 방불케 한 이 작전은 전 세계를 깜짝 놀라게 했다.

1976년 6월 27일 이스라엘의 텔아비브에서 출발해 프랑스 파리로 향하던 에어 프랑스 139편 항공기가 중간 기착지인 그리스 아테네에서 이륙 직후 납치당했다. 인질범들은 과격 행동단인 혁명 분파 소속의 독일인 2명과 팔레스타인 인민해방전선 소속 팔레스타인 사람 2명이었다. 납치된 여객기에는 248명의 승객과 12명의 승무원이 타고 있었는데, 이 중 유대인이 3분의 1이었다. 이후 비행기는 우간다의 엔테베 공항으로 가서 동료 3명과 더 합류했다.

이들은 7월 1일 오후 2시까지 각국에 수감 중인 50여 명의 동료들을 석방하지 않으면 인질을 살해하겠다고 협박했다. 그러고는 이스라엘 정부를 더 압박하기 위해 유대인을 제외한 인질을 풀어주었다. 하지만 12명의 승무원들은 승객들을 보호하는 일이 자신들의 의무라며 비행기에 남았다. 이로써 106명이 인질로 남았다. 이스라엘 정부는 인질범들과 협상하여 시한을 7월 4일로 연장했다. 그와 동시에 내부적으로 국방장관 시몬 페레스의 총지휘 아래 엔테베 구출 작전을 계획했다.

사실 구출 작전은 불가능에 가까웠다. 우선 이스라엘에서 엔테베 공항까지의 거리는 4,000km가 넘는 데다 비행기로 날아가려면 적대국들의 영공을 통과해야 했다. 더구나 우간다를 다스리던 독재자 이디 아민Idi Amin은 이미 인질범 편으로 기운 듯했다. 하지만 결코 포기할 수 없는 일이었다. 우선 정보 기관인 모사드Mossad를 통해 엔테베 공항의 정확한 정황을 파악한 후, 그 정보를 토대로 만든 모형 엔테베 공항에서 특공대가 맹훈련을 했다. 7월 3일 오후 3시30분 C-130 허큘리스 수송기 4대, 보잉 707 2대, 최정예 특공요원 100명이 출발했다. 작전명은 번개라는 뜻의 '선더볼트'. 계획 착수에서부터 집행까지 걸린 시간은 겨우 6일이었다.

중요한 시점에는 시간이 생명이다. 시간을 단축시키는 것은 바로 과감한 결단에 달려 있다. 손자는 이처럼 짧은 시간에 추진력 있게

더 현명하게, 더 지혜롭게

행동하는 것을 두고 '그 세가 험하다其勢險(기세험)'라고 했다.

특공대는 이집트와 사우디아라비아의 레이더망을 피하기 위해, 홍해 위를 20m 이하의 초저고도로 날았다. 이스라엘 측은 인질범들의 요구대로 석방한 죄수들을 신고 가는 비행기라 속이고, 특공대를 태운 C-130 허큘리스 수송기와 지원 항공기를 우간다 상공에 진입시켰다. 이때 적의 눈을 속이기 위해 모든 조명을 끈 상태로 착륙했다.

착륙에 성공한 특공대는 깊은 밤의 어둠을 틈타 재빨리 작전을 전개했다. 우선 검은색 벤츠 승용차와 4륜차 몇 대에 나누어 타고는 이디 아민의 행차인 양 접근했다. 그런데 도중에 이디 아민이 자동차를 흰색으로 바꿨다는 것을 기억한 우간다 경비병이 의심을 품었다. 이스라엘 특공대는 즉시 우간다 경비병을 사살하고 터미널로 달려갔다.

공항의 전기를 끊어 순간적으로 암흑 상태를 만든 후 이스라엘 특공대는 곧바로 터미널 내부로 돌입했다. 그곳에는 인질범과 인질들이 함께 있었다. 깜깜한 어둠, 그 속에서 표적과 인질을 어떻게 구분할 것인가? 이때 특공대는 유대인만 알아들을 수 있는 히브리 어로 소리쳤다. "엎드려!" 그런 다음 알아듣지 못한 채 서 있는 인질범을 정확한 사격으로 쓰러뜨렸다. 경비병 사살로부터 내부의 인질범 소탕까지 걸린 시간은 105초!

이때 우간다의 경비병들이 몰려왔고 특공대는 이들을 향해 대전차 미사일과 기관총을 퍼부었다. 또한 특공대 일부는 수송기에서 보병 전투 차량을 몰고 나와 우간다 군의 미그 전투기 11대를 파괴했다. 추격을 우려해서였다. 이 모든 일이 끝날 때까지 걸린 시간은 53분! 작전 중 특공대원 한 명이 전사했고, 우간다 군은 40여 명이 죽었다. 유일하게 죽은 특공대원은 바로 지휘관 요나탄 네타냐후 중령이었다. 이스라엘에서는 진두에서 지휘하다가 전사한 요나탄 네타냐후 중령을 기려 이 작전을 '요나탄 작전'이라 부른다.

善戰者 其勢險 其節短
선 전 자 기 세 험 기 절 단

잘 싸우는 자는 그 세가 험하고 그 절이 짧다.
— 병세(兵勢) 제5편

《손자병법》병세兵勢 제5편에서는 아주 빠르게, 아주 거세게 몰아칠 때 얻을 수 있는 세勢에 대해 말하고 있다.

"세차게 흐르는 물이 돌을 떠내려가게 하는 데까지 이르는 것은 '세'다激水之疾至於漂石者勢也. 사나운 새가 공격을 해서 먹이의 뼈를 꺾는 것은 '절'이다鳥之擊至於毁折者節也. 그러므로 잘 싸우는 자는 그 세가 험하고 그 절이 짧다是故善戰者其勢險其節短."

중국 병법에서는 세를 매우 중시한다. 세를 얻어야 승리하며 세를 얻지 못하면 패한다. 그래서 모두들 어떻게 하면 세를 얻을까 고민하고 훈련한다.

세는 아주 거세고 빠를 때 나온다. 태권도 선수가 벽돌을 격파할 때처럼 아주 짧은 시간에 절도 있게 힘을 가할 때 세는 극대화한다. 즉 기세험과 기절단이 동시에 딱 들어맞아야 한다. 기세험은 시간을 끌지 않고 즉각적으로 행동화될 때의 위력을 말한다. 엔테베 구출 작전은 바로 이 두 가지가 정확히 들어맞은 전형적인 작전이다. 정부 조직의 신속한 대응[其勢險]과 과감한 결심[其節短], 그리고 작전 부대의 치밀하며 집중적인 훈련[其勢險]과 민첩한 작전 수행 및 치명적인 사격[其節短] 등이 작전의 성공 요소였다.

정확히 판단하고 민첩하게 행동하기

어떤 일을 추진할 때는 빠르고 정확하게 상황 판단을 하고, 그에 따라 재빨리 결단해서, 즉각 행동으로 옮겨야 성공 확률을 높일 수 있다.

일본 소프트뱅크 그룹의 회장인 재일 한국인 3세 손정의는 2년 동안 3,000권의 책을 읽으며 독자적인 경영 철학의 법칙을 만들었는데 그게 바로 '제곱병법'이다. 25자로 이루어진 제곱병법은 《손자병법》에 손정의만의 병법을 곱했다 하여 붙여진 이름이다. 이 제곱병법에 보면 '정정략칠투頂情略七鬪'라는 것이 있다. 풀이하면 '정상에서 전체를 내려다보고, 정보를 가능한 한 많이 모아 전략을 세운 다음, 7할 정도 승산이 있을 때 일을 시작하라'는 것이다.

정頂은 '정상'을 말한다. 즉 산마루에 올라가서 멀리 보며 비전을 세우라는 것이다. 이때는 10년, 또는 30년 후를 바라보며 가급적 상세하고 철저하게 그 이미지를 구체화할 것을 강조한다.

정情은 '정보'를 말한다. 비전과 관련된 정보를 가급적 많이 수집하라고 강조한다.

략略은 '전략'을 말한다. 수집된 정보를 분석해서 잔가지를 쳐낸 후 압축하여 그에 맞는 전략을 세우라는 것이다.

칠七은 '7할의 승산'이 있을 때 승부를 걸라는 것이다. 승산이 9가 될 때까지 기다리다가는 시기를 놓친다. 승리가 확실시되는 것보다는 최적의 타이밍을 잡는 것이 더 중요하다. 이 점에서 손자가 말한 기절단과 합치한다.

투鬪는 '싸우는 것'이다. 그는 일단 전투가 시작되면 목숨을 걸고 싸워야 이길 수 있다고 했다. 손정의는 일단 결심이 서면 과감하게 모든 자원을 집중 투입해 최고의 기세로 승부를 건다. 1994년 주식 공개 후 그가 실행한 기업 합병 전략은 과감한 집중이 어떤 것인지를 세상에 보여준 전형적인 '강자의 전략'이었다. 손자가 말한 기세 험은 바로 이런 것이다. 성공한 사람들에게서 찾을 수 있는 공통점 중 빠지지 않는 것이 있다면 이렇게 '빨리 판단하고, 빨리 행동'한다는 것이다.

떨쳐 일어나도록
사기를 북돋아라

전국시대 연나라의 소왕은 제나라에게 패한 원한을 풀려고 제후들과 손잡고 제나라를 공격했다. 연나라의 파죽지세 같은 공격에 제나라의 성은 잇달아 함락되었고, 거성과 즉묵성만 남았다. 전력으로 따지면 연나라 군대가 즉묵성을 무너뜨리는 것은 시간 문제였다.

이때 거성으로 피한 제나라 사람들은 전단田單을 사령관으로 세웠고, 연나라에서는 명장 악의를 내세워 제나라의 마지막 숨통을 조이기 위해 즉묵성을 공격하기 시작했다. 이대로 즉묵성이 점령당한다면, 거성은 고립 무원의 포위 상태가 되어 더 이상 버틸 수가 없을 것이었다.

그런데 이때 연나라의 소왕이 사망하고 혜왕이 왕위를 이어받았는데, 혜왕은 악의 장군과 사이가 좋지 않았다. 악의 장군의 명성이 너무 높아 어쩌면 왕위를 넘볼지 모른다는 의심을 하고 있기 때문이었다. 그런데 이런 사실을 제나라의 전단이 꿰뚫고 있었다. 그래서 그는 명장 악의를 제거하기 위해 이간책을 쓰기로 했다. 전단은 첩자를 보내 악의가 일부러 즉묵성을 공격하지 않고 늑장을 부리고 있으며, 제나라로부터 항복을 받아낸 후 제나라의 왕이 될 계략을 꾸미고 있다는 유언비어를 퍼트렸다. 연나라의 혜왕은 그 말을 듣고 분을 참지 못해 악의를 해임시키고 무능력한 기겁을 사령관으로 임명했다.

하지만 악의 장군이 해임되었다고 해서 곧바로 전세가 반전되지는 않았다. 아무리 사령관이 무능한 기겁이라 해도 연나라의 군세가 워낙 강하다 보니 그저 즉묵성을 압박하는 것만으로도 제나라는 손을 들어야 할 판이었다.

전단은 또 다시 계략을 짰다. 첩자를 연나라에 보내어 두 가지 유언비어를 퍼뜨렸다. 첫째는 연나라가 즉묵성의 병사를 포로로 잡으면 코를 베어버리고 그들을 전방에 배치하여, 그것을 본 제나라 군사들이 겁 먹고 싸우지 못하게 하려 한다는 것이었다. 둘째는 연나라 군대가 성 밖의 무덤을 파헤쳐 즉묵성 조상들을 욕보인다는 것이었다. 이것은 제나라 사람들이 가장 두려워하는 일이었다.

그런데 이 소문을 접한 기겁은 그 진상을 파악할 생각은 않고 '옳다구나!' 하고는 소문대로 제나라 포로들의 코를 모조리 베어버렸다.

또 성 밖에 있는 즉묵성 조상들의 묘도 파헤쳐 시체를 태우고 뼈를 사방에 흩어놓았다.

"세상에, 저럴 수가!"

차마 눈뜨고는 볼 수 없는 참혹한 광경을 목격한 제나라 군사들과 백성들은 가슴을 치며 발을 굴렀다. 그리고 전단에게 빨리 싸워 복수하자고 독촉했다.

이렇게 하여 군사들의 전의에 불을 붙인 전단은, 불을 이용한 또 하나의 기상천외한 작전을 계획했다. 그것은 화우火牛, 즉 불소를 사용하는 화우진이었다. 등에 용무늬를 그려 넣은 소의 양쪽 뿔에 날카로운 병기를 달고 꼬리에는 기름 먹인 섶을 매단 다음, 섶에 불을 붙여 적진으로 돌진하게 하는 것이다. 전단은 몰래 1,000여 마리의 소를 모은 후 화우진을 만들어, 밤을 틈타 그대로 연나라의 진영으로 보냈다.

당시는 요괴나 용 등과 같은 전설상의 생물들이 실제로 살아 있다고 믿던 때다. 연나라 군사들은 불 붙은 괴물체가 엄청난 기세로 달려오는 것을 보고 기절초풍했다. 어찌할 바를 몰라 우왕좌왕하던 그들은 소의 뿔에 받혀 죽기도 하고 옮겨 붙은 불에 타 죽기도 했다. 상상조차 하지 못했던 방법에 속수무책으로 당한 것이다.

이렇게 하여 승리를 거둔 뒤, 전단은 병사들의 노고를 치하하며 전리품을 골고루 나눠주었다. 병사들의 사기는 하늘 끝까지 치달았다. 그리고 이런 승기를 타고 삽시간에 제나라의 72성을 수복하였는가

하면 거성에 피신하고 있던 법장을 모셔다가 왕으로 세워 제나라를 다시 일으켰다. 그 후 제나라는 국왕이나 지배층이 해이해질 때마다 고생했던 과거를 잊지 말기를 바라는 뜻에서, '거성에 있을 때를 잊지 말라'는 교훈을 거론했다.

殺敵者 怒也 取敵之利者 貨也
살 적 자 노 야 취 적 지 리 자 화 야

적을 죽이는 것은 적개심으로 하고,
적에게서 이득을 취하는 것은 재물로 한다.

— 작전(作戰) 제2편

《손자병법》 작전作戰 제2편에 보면 병사들을 열심히 싸우게 만드는 두 가지 방법이 제시되어 있다. 첫째는 적개심을 고취시켜 적을 죽이게 하는 것이고, 둘째는 적에게서 빼앗은 재물로 이득을 주는 것이다.

'노怒'라는 한자는 '성내다'란 뜻도 가지고 있지만 '떨쳐 일어나다' 란 뜻도 있다. 따라서 적개심은 다른 말로 기운을 북돋우는 것을 말하기도 한다. 연나라가 포로의 코를 베고 조상의 무덤을 파헤칠 것이라는 소문을 낸 전단의 계략은 이 두 가지 모두를 유도한 것이라 할수 있다. 적개심으로 화를 촉발시키고, 기운을 모아 떨쳐 일어날 수있는 자극제로 사용한 것이다.

병사들을 열심히 싸우게 하는 두 번째 요소는 재물이다. 이것은 이뤄낸 성과만큼 나눠주는 성과급 제도를 말한다. 열심히 싸워서 공을 올리면 그만큼 더 많은 것을 얻게 되는 제도를 싫어할 사람은 없을 것이다. 그래서 손자는 화공 제12편에서 이렇게 말하고 있다.

"무릇 싸움에서 이기고 공격하여 전리품이나 영토 등을 취했더라도, 그 공로에 따라 적절히 포상하지 않으면 흉할 것이니, 이를 비류라 한다夫戰勝攻取 而不修其功者凶 命曰費留."

여기서 '비류費留'라는 말은 돈이 줄줄 새는 것을 의미한다. 포상을 제대로 하지 않으면 병사들이 열심히 싸우지 않을 것이고, 그렇게 되면 전쟁을 질질 끌게 될 것이니 그에 따른 경비가 줄줄 샐 것이다. 사람의 마음을 움직이는 본질이 돈이 아닐지라도 공적을 치하하는 성과급은 사기 진락에 중요한 요소임이 분명하다.

간절한 염원과 강한 추진력

조직을 이끄는 데 있어서 구성원의 동기를 이끌어내는 것은 조직의 사활이 걸린 일이다. 지금까지는 성과급이 중요한 동기 유발 도구라고 논의되어 왔다. 사실 그렇다. 열심히 일한 사람이 그만큼 '돈도 더 많이 벌 수 있다'면 당연히 동기 부여가 되지 않겠는가?

하지만 이것이 전부일 수는 없다. 사람은 누구나 자아 실현의 욕구를 갖고 있다. 자신의 분야에서 더 잘하고 싶고, 뛰어나고 싶은 마음. 그것을 자극하는 것이 진정한 동기 부여다.

새롭게 도전하고 싶은, 꼭 성취할 가치가 있는 목표를 제시하는 것도 좋은 방법이다. 혹은 뛰어난 능력을 가진 이들이 서로 앞서거니 뒤서거니 자극하며 선의의 경쟁을 할 수 있도록, 또는 그 과정에서 서로 협업을 할 수 있도록 환경을 만들어주는 것도 필요하다. 서로가 서로의 장점을 인지하고 더 많은 것을 얻을 수 있게 조직을 안배하는 것이다.

한편 이는 리더의 입장뿐 아니라 개개인에게도 적용될 수 있는 조건이다. '이루고자 하는 염원', 즉 동기가 강력하다면 이루지 못할 일이 없다는 말이다. 다만, 이루고자 하는 강한·염원은 거침없는 추진력이 담보될 때 놀라운 성과로 이어질 수 있다.

승리를 만들어가는
과정에 주목하라

　달걀이 하나 있다. 어느 날 달걀 껍데기가 갈라지더니 병아리 한 마리가 뛰쳐나온다! 그러자 주요 신문 잡지들이 펄쩍 뛰며 앞다투어 특집 기사를 써댄다.

　'달걀이 병아리로 변신!'

　'달걀의 깜짝 놀랄 혁명!'

　'기절초풍할 달걀의 선회!'

　마치 달걀이 간밤에 무슨 변태 과정을 거쳐 갑작스럽게 병아리가 되기라도 한 것처럼. 하지만 그 전환은 점진적으로 진행된 것이어서, 모든 사람이 명백히 볼 수 있게 된 때는 전환이 시작된 지 오래 지난

뒤인 것이다. 사람들은 언제나 겉만 보고 판단한다. 그것이 이루어진 내면의 과정은 모른다.

이상은 짐 콜린스가 《좋은 기업을 넘어 위대한 기업으로Good to Great》에서 다룬 내용이다. 어떤 결과를 볼 때는 그렇게 되기까지의 과정도 생각해야 한다는 것을 지적한 말이다.

그렇지만 대체로 사람들은 과정보다 결과를 중시한다. 특히 전쟁을 평가할 때 그런 경향이 강하다. '이겼느냐, 졌느냐'를 먼저 묻는다. 하지만 사실 그 결과가 만들어지기까지의 과정도 매우 중요하다. 그 과정에서 많은 '피해'를 입었다면 승리를 했다 해도 '최선의 승리'가 될 수 없기 때문이다.

거의 9년을 끌어온 이라크 전쟁은 2011년 12월부로 종식이 되었다. 이 이라크 전쟁에 대해서도 결과만 볼 것이 아니라, 미국이 가장 중요하게 생각했던 팔루자 탈환 작전을 보면서 그들이 나름대로 최선의 승리를 위해 사전에 얼마나 고심을 했는지, 최선의 결과를 얻기 위해 얼마나 많은 과정을 밟았는지 알아볼 필요가 있다.

바그다드 서쪽으로 69㎞ 떨어진 곳에 위치한 팔루자Al-Fallujah는 역사적으로 유서가 깊은 도시다. 약 28만 5,000명의 인구 중 90% 이상이 수니파여서 '수니 삼각지대'라 불린다. 또한 이라크 전쟁 전에 사담 후세인을 강력하게 지지했던 지역이며, 중동 테러리즘 세력과 반미 운동이 가장 활발했던 도시 중의 하나라서 '저항의 도시'라 불리기도 한다.

2004년 4월 미군은 팔루자를 공격하여 시아파와 격전을 벌였고, 10월 하순에는 1,000명의 미국-이라크 연합군이 포위하여 첨단 정밀 무기로 공격했다. 하지만 아무런 성과 없이 무고한 민간인만 사살하는 결과가 빚어졌다. 그래서 미군은 눈엣가시인 팔루자를 완전히 정복하기 위하여 2004년 11월 초에 다시 대대적인 공격을 준비했다.

이라크 전쟁을 통해 미국이 가장 골탕먹고 있는 부분은 바로 민간인들의 희생이었다. 공격하는 과정에서 민간인들의 피해가 발생하는 경우, 미국은 정치적으로 곤란한 입장에 처하게 되어 군사 행동에 제한을 받기 때문이다. 그래서 미군은 본격적인 공세에 앞서 이 문제를 해결하기 위한 노력부터 기울였다. 그래야 승리를 하더라도 욕을 먹지 않는 최선의 승리를 달성할 수 있기 때문이다.

첫째, 여론을 이용하였다. 앞으로 팔루자 지역에서 전투가 일어나게 되면 미군은 매우 잔혹하게 행동할 것이며, 이는 민간인들이 감당하기 어려울 것이라고 발표했다. 또한 팔루자 지역에서 떠나지 않는다면, 전투가 일어났을 때 반미 무장 세력들의 방패막이로 이용될 수도 있을 것이라고 선동했다. 이러한 여론 선동은 효과가 있어서 적지 않은 민간인들이 팔루자를 떠났다.

둘째, 생활 기반을 파괴하여 민간인들의 이주를 유도했다. 11월 7일 미군은 유프라테스 강의 수력 발전소를 파괴했고, 수원과 전원을 끊어 시민들이 팔루자에 거주하기 힘들게 만들었다.

셋째, 위협을 가하여 민간인들을 떠나게 하였다. 이는 실질적으로 가장 효과적인 방법이었는데, 도시 중심에 10여 차례의 대규모 공습과 포병 사격을 실시하자 30만 명의 시민 중 약 70%가 도시를 떠났다.

넷째, 전투 중에 움직이는 민간인은 모두 적으로 간주하여 사격하겠다고 발표했다. 실제로 총공격이 시작되자 미군은 대형 스피커를 이용하여 15세에서 50세의 남자는 팔루자 지역 외곽을 통과할 수 없다고 경고했고, 이를 어길 시에는 미군의 사격 목표가 되었다. 이는 팔루자 지역 내에 있는 반미 무장 세력과 민간인을 구별하기 위한 것으로, 민간인에 대한 오인 사격을 최소화해보겠다는 계산에서 나온 것이었다.

이러한 사전 정리 작업을 끝낸 후, 11월 8일 '팬텀 퓨리Phantom-Fury'라는 작전명으로 미군의 총공격이 시작되었다. 미군은 6일간의 격전 끝인 11월 13일 팔루자 도심을 장악하는 데 성공하였다. 이때 반미 무장 세력 2,000명이 사살되었고, 미군은 54명이 전사하고 425명이 부상을 당했다.

정확한 통계를 알 수는 없지만, 팔루자의 민간인 희생은 그동안의 어떤 전투에서보다 적었다고 한다. 그래서 승리를 달성한 후에도 민간인 학살이라는 오명은 없었다. 오히려 팔루자 전투는 민간인 피해를 최소화하고 도시를 탈환한 모범 사례로 미 국방부가 미래 전투의 전형으로 삼기도 했다.

人皆知我所以勝之形
인 개 지 아 소 이 승 지 형

而莫知吾所以制勝之形
이 막 지 오 소 이 제 승 지 형

사람들은 모두 내가 이긴 모습만을 알고,
내가 승리를 만들어간 모습은 알지 못한다.

— 허실(虛實) 제6편

여기에는 두 가지의 구분된 개념이 나온다. '승지형勝之形'과 '제승지형制勝之形'이다. 승지형이라는 것은 이겼을 때 겉으로 드러나는 모습을 말한다. 즉 아군의 포탄에 의해 적의 진지가 파괴되고, 적군들이 피를 흘리며 무너져가는 모습이다.

반면 제승지형이라는 것은 그러한 승지형이 이루어지기까지, 승리를 만들어내기 위해 취하는 여러 가지 과정상의 조치를 말한다. 예를 들면 사전에 간첩을 보내 적의 정보를 파악한다거나, 적이 오판할 수 있도록 위장 진지나 모의 전차를 설치한다거나, 적을 안심시키고 방심시키기 위해 평화 회담을 제의한다거나 하는 등의 여러 가지 활동이 해당된다.

사실상 승지형보다 제승지형이 승리에 더 결정적인 역할을 하고 이런 제승지형을 위해서 '전략'이 필요한 것이다. 단순히 전투 현장에서 싸울 때는 '전술'적인 행동이 요구되지만 전쟁에서 이기기 위해서는 멀리 보고 크게 보는 제승지형의 전략이 요구된다는 말이다.

제승지형은 이기기 위해 사전에 여러 조치를 취해나가는 것이기 때문에 겉으로는 잘 드러나지 않는다. 시간도 많이 소요된다. 그러나 급하다고 해서 이러한 제승지형을 소홀히 했다가는 실제 전투에서 많은 피해를 보기 십상이다. 최선의 승리를 위해서는 아무리 시간과 돈이 많이 들지라도 제승지형에 공을 들여야 한다.

또 다른 의미에서 볼 때 제승지형에는 실패에 대비하여 여러 개의 '승리 고리'를 만들어놓는 것도 포함된다. 작전 중 일부가 실패하더라도 거기에 다른 길을 연결하여 결국은 승리를 이루어내도록 하는 차선책을 준비해놓는 것을 말한다.

보통 사람들은 눈에 띄는 승지형에만 관심을 갖는다. 하지만 진정한 전략가는 보이지 않는 제승지형에 관심을 갖는다. 사실 그것이 가장 위력적이기 때문이다.

한산도에 가면 이순신 장군의 작전사령부인 제승당制勝堂이 있다. 제승당의 본래 이름은 운주당運籌堂이었는데, 이순신이 숨을 거둔 142년 후인 영조 16년(1740년) 통제사 조경이 중건하고 유허비를 세운 이후부터 제승당이라 이름하여 오늘에 이르고 있다.

이순신 장군은 한산대첩을 승리로 이끈 후에 한산도에 운주당運籌堂을 지었다. 운주는 '운주유악지중運籌唯幄之中'에서 나온 말로 군막 속에서 셈을 하여 전략을 세운다는 뜻이다. 특히 그는 운주당에서 여러 계책을 논의하면서 장차 적을 맞아 이길 방도를 짜냈다. 제승의 힘에 대해 누구보다도 잘 알고 있었던 이순신 장군은 이런 과정을 통해서 제승지형을 만들었던 것이다.

결과와 과정 모두가 중요하다

"일등만 기억하는 더러운 세상!"

한때 한 개그 프로그램에서 많이 나오던 말이다. 일등이 아니면 돌아봐주지도 않는, 이등부터는 설 자리도 없는 현실에 대해 풍자한 말이었다. '일등만 기억한다'는 말은 '결과만 본다'는 말과도 통하는 것이 아닐까?

물론 결과로 모든 것을 판단해야 하는 경우도 있다. 예를 들어 회사에서 성과 분석 회의를 할 때는 손익 계산을 따져 나온 분명한 결과를 가지고 판단해야 한다. 그 결과가 나오기까지 밤을 새워가며 열심히 일했는지, 운 좋게 좋은 거래처를 만나 여유 부려가며 달성했는지는 중요하지 않다. 결과가 좋지 않으면 아무리 애썼다 해도 과정이 의미를 잃는다.

또 신입사원을 채용할 때도 결과를 보고 판단해야 할 경우가 있다. 예를 들어 주로 해외에서 일을 해야 하는 신입 사원을 뽑을 때는 영어로 질문을 했을 때 능숙한 영어로 답변할 수 있는 사람을 뽑아야 한다. 그런 면접에서 제대로 답변하지 못했다면 아무리 노력했다 해도 결과가 나쁜 것이다. 그 사람이 몇 년씩이나 영어 회화 학원을 다니며 공부했다거나, 끼니까지 거를 정도로 열심히 공부했다거나 하는 것은 아무 의미도 없다. 이런 경우는 과정보다 결과가 중요한 경우다.

그러나 반대로 과정이 더 중요할 때도 있다. 복권에 당첨되어 받은 1억 원과, 열심히 일하고 저축해서 모은 돈 1억 원의 차이는 무엇일까? 결과적으로 눈에 보이는 돈의 액수는 같다. 그러나 그 과정은 하늘과 땅 차이다. 그리고 그 과정은 같은 '1억 원'의 가치를 다르게 만든다.

좋은 결과를 얻기 위해 정직하게 땀을 흘리며 성실하게 노력하는 자세는 언제나 중요하다. 성취해나가는 과정 자체에도 의미가 있고 그 안에 즐거움과 행복도 있다. 눈앞에 보이는 성패나 사업의 실적과 같이 결과를 중요시해야 될 경우도 있고, 그 결과를 이루는 과정의 의미에 초점을 맞춰야 할 때도 있다.

중요한 것은 결과나 과정 어느 하나에만 집착해서는 안 된다. 때에 따라서는 과정상의 오류 때문에 결과에 책임을 져야 할 때도 있다. 유명한 사람이 아니더라도 유용한 사람이, 위대한 사람이 아니더라도 행복한 사람이 될 수 있다.

人　　　生　　　兵　　　法

《손자병법》을 생각하면 가장 먼저 떠오르는 어구가 바로 이 명구다. 여기서 한 가지 주목할 부분이 있다. 바로 '백전불태'라는 것이다. 흔히 이 어구를 '백 번 싸워 백 번 다 이긴다'는 '백전백승百戰百勝'이나 백 번 싸워도 지지 않는다고 하는 '백전불패百戰不敗'로 알고 있는 경우가 많다. 그런데《손자병법》그대로의 해석을 따르면, 적을 잘 알고 나 자신에 대해서도 잘 알면 백 번을 싸워도 그저 '위태롭지 않을 뿐'이란 것이다. 승리는 결코 만만한 것이 아니다. 적과 나에 대해 아는 지식 정도만 가지고는 장담할 수 있는 것이 아니다. 훨씬 더 많고 복잡한 것들이 작용하는 것이 승부의 세계다. 손자는 지피지기知彼知己, 즉 적과 나를 잘 아는 경우 외에 두 가지의 경우를 더 언급했다. "적을 잘 모르고 나만 아는 경우 이길 확률은 반이다不知彼而知己 一勝一負. 적도 모르고 나도 모르면 싸울 때마다 반드시 위태롭다不知彼不知己 每戰必殆."

6장

실패에서
다시 배우는 인생

인성은 아무리 강조해도 지나침이 없다

"세상에 이럴 수가! 대 로마 군단이 미개한 민족에게 당하다니!"

로마인들이 자다가도 벌떡 일어날 기막힌 사건이 일어났다. 서기 9년, 토이토부르거Teutoburger라는 울창한 숲 속에서 벌어진 전투에서 로마의 정예군 3개 군단이 게르만 민족의 한 종족인 헤루스케르족에게 전멸당했던 것이다. 이 토이토부르거 전투는 한니발에 의해 전멸당했던 칸나에 전투, 파르티아 군에게 참패를 겪었던 카레 전투와 함께 로마의 3대 참패 중 하나로 꼽히고 있다. 그런데 이 전투들의 이런 끔찍한 결과는 모두 리더의 오만한 성격에서 시작되었다는 사실이다.

서기 7년, 아우구스투스Augustus 황제는 바루스Publius Quinctillius Varus 를 게르마니아 총독에 임명했다. 바루스는 오만하고 조급한 성격의 관리로, 로마 제국의 식민지에 살고 있는 게르만 족의 힘과 지혜를 얕잡아보았다. 그렇게 얕잡아보던 게르만 족이 9년, 10월 초 폭동을 일으켰다. 바루스는 이들을 진압하기 위해 직접 약 2만 명의 군사를 거느리고 출정했다. 그런데 토이토부르거의 울창한 숲이 로마 군단의 앞길을 가로막았다. 여기서 바루스는 결정적인 실수를 했다. 이렇게 빽빽한 나무 숲 너머에 얼마나 많은 적들이 어떻게 진을 치고 있을지 알 수 없는 상황에서는 싸움에 앞서 감시 정찰대를 보내는 것이 기본적인 군사 전략이다. 하지만 그는 아무런 조치도 취하지 않은 채 모든 군사들을 숲 속으로 투입했다.

게르만 족을 얕잡아 보고 있었던 그는 그들을 진압하는 것쯤은 식은죽 먹기라고 생각했고 조금이라도 더 빨리 폭동을 진압해 아우구스투스 황제에게 인정받고 싶은 마음이 앞서 이같은 일을 벌인 것이다.

사실 그때까지 로마 군단이 해온 전투 대형은 넓은 지역에서 최대한 기동성을 활용하는 것이었다. 그런데 토이토부르거의 울창한 숲에서는 그 경험이 아무 쓸모가 없었다. 게다가 숲 속에는 게르만 족의 병사들이 잠복하고 있었다. 그들은 숲에서 기동이 서투른 로마 군단을 향해 창을 던지고 활을 쏘며 짧은 시간에 엄청난 피해를 입혔다. 숲을 통과하려다 만신창이가 되어버린 로마 군은 결국 그 숲을 빠져나오지 못하고 전멸하다시피 했다.

바루스와 고위급 장교들은 잔인한 적에게 포로가 되는 것이 두려워 자신의 칼에 몸을 던져 자살했다. 당시 역사가인 벨레이우스는 '거의 마지막 병사까지 마치 도살당하는 가축처럼 잔인하게 적에게 살해당했다'고 기록했다.

이 전투로 인해 로마는 엘베 강 서쪽의 게르마니아 공략을 단념해야 했고, 대對게르만 정책도 크게 바꾸지 않을 수 없었다. 단 한 사람의 오만함이 자신은 물론 부대 전체를 몰락의 길로 이끌었을 뿐 아니라, 역사의 흐름까지도 바꿔버린 것이다.

將有五危, 必死可殺
장 유 오 위　　필 사 가 살

必生可虜　忿速可侮
필 생 가 로　　분 속 가 모

廉潔可辱　愛民可煩
염 결 가 욕　　애 민 가 번

장수에게는 다섯 가지의 위험한 성격이 있으니,
반드시 죽으려고 하는 사람은 죽임을 당할 수 있으며,
꼭 살겠다는 사람은 사로잡힐 수 있으며,
화내기를 빨리 하는 사람은 업신여김을 당할 수 있으며,
지나치게 깨끗하고자 하는 사람은 모욕을 당할 수 있으며,
백성을 사랑하는 사람은 번뇌에 빠질 수 있다.
— 구변(九變) 제8편

《손자병법》구변九變 제8편에는 리더들에게서 찾아볼 수 있는 위험한 성격 다섯 가지에 대해 이야기한다.

그중 첫 번째 유형은 목표를 달성하기 위해 물불을 가리지 않고 달려드는 성격이다. 이른바 저돌형이다. 손자는 '죽기로 덤벼들다 보면 죽을 수도 있다必死可殺'고 경고했다. 《삼국지》에 나오는 여포 같은 리더가 바로 이런 유형의 성격을 가진 인물이다. 여포는 '날아다니는 장수飛將(비장)'라 불릴 만큼 용맹스러운 장수였지만, 지모가 없었다勇而無謀. 198년에 있었던 하비 전투에서 조조와 유비의 군대를 맞아서도 잘 버텼던 그였지만, 금주령을 어긴 부하들을 매질하며 호되게 꾸짖는 바람에 반발심을 품은 부하들에 의해 밧줄에 묶여 조조에게 끌려가 처형당했다.

두 번째 유형은, 위기를 맞았을 때 살아남기 위해 눈치를 살피며 요리조리 피해 다니는 보신형이다. 손자는 '살겠다고 아등바등하는 사람들은 포로로 사로잡히기 쉽다必生可虜'고 말했다. 실제로도 자기 살길만 찾아 이것저것 계산하는 사람일수록, 상대방이 의도적으로 파놓은 함정에 쉽게 빠진다. 《삼국지》의 위연이 그 같은 성격을 가졌다. 오늘날 위연에 대한 평가는 엇갈리고 있지만, 자신의 이익을 따라 여러 차례 주인을 바꾸었다는 사실은 그의 성격적 단면을 잘 보여준다.

세 번째 유형은 성급하게 화를 내는 이른바 다혈질형이다. 손자는 그렇게 '화를 빨리 내는 사람들은 모멸을 당하게 될 것忿速可侮'이라고

했다. 화를 내면 여러 가지로 나쁜 일이 생긴다. 장비는 장판교에서 조조의 대군을 호령 하나로 물리친 용감한 장수였다. 그러나 221년에 부하 장수의 칼에 찔려 살해되고 말았다. 화를 잘 내는 장비가 무리한 명령을 거부한 부하들에게 화를 냈다가 앙갚음을 당한 것이다.

네 번째 유형은, 지나칠 정도로 자기 자신을 깨끗하게 하는 데 집착하는 결벽형이다. 《손자병법》에서는 이런 성격의 장수는 욕을 당하게 될 것이라고 충고하고 있다廉潔可辱. 청렴한 것도 좋지만, 너무나 철저하게 지키려 하다 보면 강박이 될 수도 있다. 이런 유형의 인물로는 관우를 들 수 있다.

지나치게 원칙을 고수하며 엄한 잣대를 들이대다 보면, 자기도 모르게 모가 나게 마련이다.

다섯 번째 유형은 아랫사람에 대한 사랑에 분별이 없는 성격이다. 이른바 유약형이다. 손자는 '백성을 사랑하는 사람은 그 때문에 번민하게 될 것愛民可煩'이라 했다. 부드러운 카리스마로 유명한 유비가 이런 성격에 해당한다.

부하나 주변 사람들을 사랑하며 친절하게 대하는 것은 좋지만, 때에 따라서는 엄한 가르침을 주는 것도 사랑임을 기억해야 한다. 그러지 못해 잘못된 모습을 보면서도 지적하지 못하고 끙끙 속앓이를 하면 괴로운 번뇌에 쌓이게 마련이다.

실패에서 다시 배우는 인생

스스로를 들여다보는 거울을 품어라

2011년 삼성경제연구소에서는 손자가 말한 '장유오위'를 바탕으로 하여 '조직에 해가 되는 리더의 요소는 무엇인가?'라는 설문 조사를 실시했는데, 급하게 화를 내는 성격이 1위로 꼽혔다. 이 조사 결과는 그만큼 우리나라 직장인들이 화를 잘 참지 못한다는 것을 보여주는 사례이면서 동시에 그것이 얼마나 조직 구성원들과 조직에 악영향을 끼칠 수 있는지를 말해준다.

사실 손자가 말한 이 다섯 가지 위험한 성격에서 자유로울 수 있는 사람은 없을 것이다. 누구나 한두 가지 정도는 문제점을 가지고 있을 수 있다. 그렇다고 모두가 문제적 성격을 지닌 리더라는 얘기는 아니다. 문제는 극단에 치우치는 경우이다. 따라서 스스로 자신이 어떤 성격을 갖고 있는지 파악하고, 혹 어느 하나라도 극단적인 모습을 띠는 것은 없는지 비추어볼 거울을 늘 품어야 한다.

어디 리더뿐이겠는가? 요즘 같은 사회에서는 여러 분야의 전문가가 하나의 팀을 이루어 일해야 하는 경우가 빈번하다. 부서가 다른 사람들끼리도 프로젝트 팀으로 묶이거나 하는 일이 많이 생긴다. 그럴 때 사람들과 잘 융화할 수 있다는 것은 큰 장점이 된다. 이 장유오위의 거울은 그래서 사회생활을 하는 이라면 누구나 품어야 할 인간관계의 척도가 될 수 있다.

있어야 할 사람과
있어서는 안 될 사람

조직을 구성하는 사회에는 세 종류의 사람들이 있다. 있어야 할 사람과 있으나 마나 한 사람, 그리고 있어서는 안 될 사람이다. 평소에는 그 구분이 쉽지 않다. 그들의 존재 가치가 별로 드러나지 않기 때문이다. 그러나 위기를 만나면 그들의 차이가 확연히 드러난다. 있으나 마나 한 사람은 역시 위기 때에도 그런 존재가 된다. 그러나 반드시 필요한 사람은 위기에 빠진 조직을 살려내고, 있어서는 안 될 사람은 조직을 망친다. 그래서 조직이 위기에 닥쳐봐야 사람이 얼마나 중요한가를 절감하게 된다. 용인 전투는 우리에게 바로 그런 점을 잘 말해주고 있다.

용인 전투는 임진왜란이 일어난 지 채 두 달도 되지 않은 1592년 음력 6월 5일, 경기도 용인 일대에서 벌어진 전투로, 약 5만 명의 조선 군이 겨우 1,600명의 일본 군에게 참패한 전투다.

1592년 4월 임진왜란이 터졌다. 일본 군은 파죽지세로 북상해 5월 3일 한양을 점령했다. 선조는 백성을 버리고 의주 방향으로 몸을 피했다. 그러자 전라도순찰사 이광을 중심으로 한양 탈환을 위한 반격 작전이 시작됐다. 군세는 전라도군 4만 명, 충청도군 8,000명, 경상도군 1,000명 등 약 5만 명이었다.

개전 이래 가장 많은 병력이 한꺼번에 모인 것이다. 얼핏 보기에는 위세가 당당했다. 무기와 군량미를 실은 수레와 군기軍旗의 행렬만 해도 40~50리에 달할 정도였다. 이광을 맹주로 삼은 삼도 민병군은 남도근왕군南道勤王軍으로 불렸다. 이때 광주 목사였던 권율은 전라도방어사 곽영의 중위장으로 참전했다.

근왕군은 곧 북상하여 6월 3일에는 수원 독성산성을 무혈로 점령했다. 조선 군의 엄청난 규모에 겁을 집어먹은 일본 군이 용인으로 도망갔던 것이다. 한편 일본의 와키자카 야스하루가 이끄는 일본 군 1,600명 가운데 주력인 1,000명은 한양에 주둔하고 있었고, 600명은 용인 부근의 북두문산과 문소산 등에 진을 치고 있었다. 이때 권율은 이렇게 주장했다.

"적진은 험한 곳에 있어 공격하기 어렵습니다. 한양이 멀지 않은 곳이고 큰 적이 눈앞에 있습니다. 국가의 존망이 이 한 번의 거사에 달려 있으니 자중하여 만전을 기하는 것이 중요합니다. 소수의 적들과 칼날을 다툴 것이 아니라 조강(임진강과 한강의 합류 지점)을 건너 임진강을 막아야 할 것입니다."

큰 그림을 제대로 본 전략적 판단이었다. 그러나 권율의 전략을 이해하지 못한 지휘부는 그 의견을 받아들이지 않았다. 그리고 이광은 곽영에게 백광언과 이시지를 붙여 각각 1,000명씩의 병사를 이끌고 선봉 부대를 편성하여 일본 군을 공격하게 했다. 음력 6월 5일이다. 조선 군의 집요한 공격에도 용인에 있던 일본 군은 진지에서 나오려 하지 않았다.

이때 서울에 있던 와키자카 야스하루가 주력 1,000명을 거느리고 용인에 도착했다. 일본 군은 기운이 풀려 나무 그늘에서 쉬고 있는 조선 군을 발견하고 동쪽 측면에서 기습 공격을 가했다. 이 싸움에서 백광언과 이시지가 전사하고 많은 조선 군이 놀라서 도망쳤다.

다음날인 6월 6일에는 더 기막힌 일이 벌어졌다. 선봉 부대가 무너지자 이광의 주력군은 서둘러 수원 광교산에 진을 쳤는데, 이들이 아침밥을 지어 먹기 위해 불을 피워 연기를 올리자 일본 군의 기병대가 급습했던 것이다. 일본 군 장수들은 얼굴에 쇠로 된 탈을 쓰고 백마를 탄 모습으로 나타나 마구 칼을 휘둘렀다.

그 모습에 너무 놀란 충청병마사 신익이 먼저 달아났다. 그러자 나머지 군사들도 앞다퉈 도망치기 시작했다. 이광과 곽영, 경상도순찰사 김수도 지휘권을 팽개치고 냅다 도망쳤다. 지휘관이 모두 도망가

버린 후, 수만 명의 군사들은 깔려 죽거나 낭떠러지에서 떨어져 죽었다. 그 참담한 광경을 《선조수정실록》에서는 '그 형세가 마치 산이 무너지고 하수가 터지는 듯했다'고 기록했다.

이렇게 5만 명의 조선 군은 겨우 1,600명의 일본 군에게 대패하고 말았다. 질서를 유지한 권율만이 부대를 보존하여 약 한 달 후의 이치 전투에서 일본 군을 대파하고, 훗날 행주대첩을 일궈냈다. 이광은 파직되어 유배되었고, 와키자카 야스하루는 일약 명장이 되었다.

용인 전투를 보면 권율처럼 꼭 있어야 할 사람과 이광, 곽영, 김수, 신익과 같이 있어서는 안 될 사람이 확연히 드러난다. 있어야 할 사람이 없어도 문제지만, 더 심각한 문제는 있어서는 안 될 사람이 존재하는 것이다.

民之司命 國家安危之主也
민 지 사 명   국 가 안 위 지 주 야

백성의 생명을 맡은 자요,
국가의 안위를 좌우하는 주인공이다.

—작전(作戰) 제2편

《손자병법》 첫머리는 이렇게 시작하고 있다.

"전쟁은 나라의 큰일이다. 백성의 생사가 걸려 있고, 나라의 흥망이 걸려 있으니 깊이 살피지 않으면 안 된다兵者 國之大事也 死生之地 存亡之

道 不可不察也."

　그렇기 때문에 책임을 가진 군주가 전쟁을 결단할 때에는 신중에 신중을 기해야 한다. 군주의 분별력과 판단력이 너무도 중요한 이유가 거기에 있다. 또한 군주가 전쟁을 결심한 다음에는 이를 직접 실행하는 장수의 역할 또한 중대하다. 그래서 손자는 수시로 장수의 중요성을 역설하고, 그의 자질에 대해 언급했다.

　작전 제2편에서는 전쟁이나 국사에 있어 '인물'이 얼마나 중요한지에 대해 말하고 있다. 군주와 장수가 국가의 안위를 좌우하는 주인공이라면 모든 조직의 리더는 그 조직의 안위를 좌지우지한다 할 수 있다. 따라서 조직이 바른 길로 가려면 '꼭 있어야 할 사람'이 리더의 자리에 있어야 한다. 그러나 이들의 역량이 모자라면 오히려 '있어서는 안 될 사람'이 되고 마는 경우도 많다.

차근히 쌓은 내공은 결정적 순간에 빛난다

　역사의 중심에는 언제나 '사람'이 있다. 과거에도 그랬고, 오늘날에도 그렇고, 미래에도 역시 사람이 해답이다. 그런데 문제는 '제대로 된 사람'은 하루아침에 만들어지지 않는다는 데 있다. 미국의 1996년 국방연례보고서를 보면 아주 흥미로운 내용이 있다.

　"제2차 세계대전에서 승리하는 데는 5년이 걸렸다. 신형 항공모함을 건조하는 데는 9년이 걸렸다. 신형 전투기를 개발하는 데는 10년이 걸렸다. 그런데 항공기정비감독관을 양성하는 데는 16년, 중대 선임하사관을 양성하는 데는 17년, 대대장을 양성하는 데는 18년, 대대 주임상사를 양성하는 데는 22년이 걸렸다. 또 비행단장을 양성하는 데는 23년, 항모전투단 사령관을 양성하는 데는 25년, 기갑사단장을 양성하는 데는 28년이 걸렸다."

그만큼 제대로 된 사람을 만드는 데에는 전쟁을 치르거나 무기를 개발하는 것보다 훨씬 더 많은 시간이 필요하다는 것이다. 전문가는 각 분야의 바닥부터 단계를 밟아가야 만들어지기 때문이다.

스스로도 자신이 꼭 있어야 할 사람이 되기 위해 필요한 노력을 게을리 해서는 안 된다. 간혹 시간이 해결해줄 것처럼 안일한 태도를 가지는 사람들을 볼 수 있다. 하지만 직급이 올라간다고 해서 저절로 능력이 올라가는 것은 아니다. 사원보다 못한 차장이 있고, 차장보다 나은 대리도 있다는 걸 이미 알고 있지 않은가?

열심히 노력하고 공부해 하나씩 쌓아나가지 않으면 안 된다. 갑자기 만들어진 실력은 순식간에 바닥을 드러낼 수밖에 없다. 하지만 느리더라도 차근차근 착실하게 내공을 쌓은 사람은 결국에 보다 중요하고 큰일을 감당한다.

목소리만큼
헛똑똑이가 되지 마라

헛똑똑이란 겉으로는 똑똑한 체하지만 실제로는 아무 실속이 없는 사람을 가리킨다. 세상에는 그런 헛똑똑이들이 의외로 많다. 그나마 이런 사람들이 그저 개인으로만 살면 별 문제가 되지 않는데, 조직을 이끄는 리더가 되면 여러 사람에게 폐를 끼치게 된다. 최악의 경우에는 장평 전투에서 조괄이 한 것과 같은 경악스러운 일을 만들어내기도 한다.

장평 전투는 중국 전국시대의 판도를 바꾸어놓은 대표적인 전투 중 하나로, 전투에서 승리한 진나라는 천하 통일의 기반을 닦았고 패전한 조나라는 몰락했다.

실패에서 다시 배우는 인생

기원전 260년 4월, 진나라 장수 왕홀은 전략적 요충지인 상당을 접수하기 위해 군사를 이끌고 이동했다. 그러나 군민들은 이미 조나라로 도망간 상태였다. 왕홀이 상당 군민들을 추격했지만, 이들의 움직임을 간파한 조나라는 명장 염파를 파견하여 군민들을 받아들이고 진나라 군대를 막았다. 결국 양국 군대는 중원 깊숙한 지역인 장평에서 부딪쳤다.

아예 장기전을 각오한 염파는 장평에 군영과 보루를 세워 그곳을 지켰다. 염파가 누구인가? 인상여와 함께 조나라의 전성기를 이끌던 장군으로, 이미 진나라를 상대로 여러 차례 크고 작은 전투를 벌였던 백전노장이다. 그래서 진나라에서는 염파를 제거할 모략을 짰다. 우선 조나라에 퍼져 있던 첩보 조직을 통해 염파에 대한 유언비어를 퍼뜨렸다. 그리고 이런 소문을 곁들였다.

"진나라가 걱정하는 것은 조사의 아들 조괄이 장수가 되는 것뿐이다."

그러지 않아도 염파의 소극적인 방어 태세가 불만이던 조나라 왕은, 정말로 사령관을 조괄로 갈아치우려 했다. 왕이 그런 생각을 하게 된 데에는 유언비어의 영향도 있었지만, 그의 아버지 조사가 소문난 명장이었던 데다 조괄 본인도 병법에 능통한 사람이라고 알려져 있어서였다.

실제로 조괄은 병법을 달달 외고 다녔다. 하지만 그것은 원래 외는 것을 잘해서 그랬을 뿐, 그 속의 의미를 알고 있었던 건 아니었다. 더구나 실전 경험도 전혀 없는, 그야말로 전형적인 헛똑똑이었다.

조괄이 사령관에 임명되리라는 소식을 들은 인상여가 반대했지만, 왕의 귀에는 그의 말이 들리지 않았다. 그러자 조괄의 어머니까지 달려와 아들이 총사령관이 되는 것을 반대하며 말했다.

"전쟁이란 사람이 죽는 것이오. 그런데도 괄은 전쟁에 대해 너무 쉽게 말하고 있어요. 조나라가 만약 그를 장수로 삼았다가는 분명 그 애가 조나라 군대를 망하게 할 것이오."

그러나 고집스러운 왕은 결국 조괄을 총사령관으로 임명했다. 조나라의 비극은 여기서부터 시작됐다. 조괄이 총사령관이 되어 장평에 도착하자, 진나라에서는 왕흘을 몰래 불러들이고 백기를 지휘관으로 보냈다. 백기는 크고 작은 전투에서 한 번도 패하지 않아 불패전신不敗戰神이라 불리며 중국 역사상 가장 위대한 장수로 숭앙을 받는 이였다. 과연 불패전신 백기는 조괄을 상대로 그의 특기인 포위 작전을 여러 차례 펼치며 격파해나갔다.

조괄은 껍데기뿐인 병법 지식을 가지고 백기와 대적해보았지만, 그게 먹힐 리 없었다. 실력은 실전에서 검증되는 법이니까. 그래도 40명만이라는 대군을 단 한 번의 전투로 궤멸시킬 수는 없었다. 그래서 백기는 조괄의 군대를 포위하여 한 달 반 동안 가두었다. 그러자 조괄의 진영에서는 식량이 떨어져, 굶주린 군사들이 시체를 뜯어먹을 지경이 되었다. 조괄은 포위망을 뚫어보려고 여러 차례 돌진해보았지만 진나라의 포위망은 아주 견고했다.

결국 조괄은 결사대를 조직하여 적진을 돌파하려다가 화살에 맞아 전사했다. 조괄이 죽자 곧 모든 조나라 군이 영채를 열고 항복했다. 포로들의 운명은 가혹했다. 사기에 따르면 진나라에서는 포로들을 계곡으로 몰아넣고 입구를 막아 모두 생매장했다고 한다. 40만 명의 생매장, 사상 초유의 일이 아닐 수 없다. 헛똑똑이 한 명 때문에 수많은 사람들이 죽어갔던 것이다.

夜呼者 恐也
야 호 자 공 야

한밤중에 소리를 지르는 것은 겁에 질려 있다는 것이다.
— 행군(行軍) 제9편

손자는 행군 편에서 아주 흥미 있는 내용을 언급하고 있다. 사람의 심리 상태를 보여주는 32가지의 징후를 열거한 것이다. 그는 이를 통해 대체로 겉으로 드러나는 현상과 그 안에서 실제로 일어나는 일이 다르다는 것을 날카롭게 지적하여 말해주고 있다. 그러니 겉으로 드러난 것만 가지고 사람을 판단하지 말고, 어떤 행동을 보면 그 속에 다른 무엇이 있는지 생각해야 한다.

그중 하나가 '밤중에 소리를 지르는 사람은 사실 겁에 질려 있는 것이다'라는 것이다. 밤에 겁이 나면 큰소리를 질러대게 마련이다. 그렇게 해서 속에 있는 공포심을 몰아내려 하는 것이다.

마찬가지로 속이 빈 사람들은 큰소리 치기를 좋아한다. 지식이나 마음 씀씀이와 같은 내면의 모자란 부분을 감추거나 부풀리기 위해 서다. 대화를 할 때에도 나직한 소리로 이야기하지 않고 목소리를 높이고는 한다. 작은 지식을 부풀리기 위해 더 많은 말을 하고, 인성을 포장하기 위해 표정이나 제스처에 과장을 섞기도 한다.

조선조의 《무신수지武臣須知》라는 책자에는 이에 걸맞는 말이 서문에 적혀 있다.

"학문은 반드시 요점을 알아야 하며, 또한 성실하게 이를 실천에 옮겨야 한다. 겉으로 형식적인 틀을 갖추고 있다 해도 실용화할 수 없는 지식이라면, 날마다 천 장의 병서를 읽고 가슴속에 만 권의 서적을 간직하고 있다 한들 보고 듣는 자료에 지나지 않는 것이다. 다시 말해 병서를 읽었다고 자랑만 하고 있다가는 질책을 면치 못한다는 얘기다."

스스로 내실을 갖추는 데 집중하라

허장성세虛張聲勢라는 말이 있다. 헛되이 목소리의 기세만 높인다는 뜻으로, 실력은 없으면서 허세로만 떠벌리는 것을 말한다. 내외허식內虛外飾이라는 말도 있다. 속은 비었는데 겉치레만 한다는 뜻이다. 호왈백만號曰百萬은 말로는 백만을 외치지만 실제는 얼마 안 되는 것을 말한다. 호언장담豪言壯談이라는 말 또한 분수에 맞지 않는 말을 큰 소리로 자신 있게 하는 것을 의미한다. 화이불실華而不實이란 말은 겉으로는 화려해도 속이 비어 실속이 없다는 뜻이다. 이렇게 허세에 관한 고사가 많은 것은, 이것이 그만큼 우리가 저지르기 쉬운 실수이기 때문은 아닐까?

주변을 돌아보면 뭐든 아는 척, 잘하는 척 떠드는 사람이 꼭 있다. 그런데 그런 사람들이 정작 그 '실력'을 발휘해야 하는 때에 나서는 것을 보기 힘들다. 안타까운 일이다. 하지만 그런 누군가를 비난하기에 앞서 먼저 스스로를 돌아보자. 어쩌면 나 역시 조괄같이 입으로만 병법을 외는 빈 수레는 아닌지.

사실 세상에 완전히 차 있는 수레 같은 사람이란 흔하지 않다. 어쩌면 우리 인생은 죽을 때까지 빈 수레를 조금씩 채워가는 과정일지도 모른다. 그 수레에 무엇을 채우느냐에 따라 사람의 격이 결정된다. 어떻게 수레를 채울 것인가? 그건 특별한 데서 시작되지 않는다. 스스로 생각하는 힘을 기르는 것이 중요하다. 다양한 정보를 그냥 무비판적으로 수용하는 게 아니라 앞뒤를 따져보고, 깊이 있게 생각해 자기 것으로 만드는 것이다.

재능에 적합한
일을 찾아라

10여 년간 80여 차례의 전투를 승리로 이끈 명나라 장군. 4,000~
5,000명에 불과한 군대로 2만 여명의 왜구와 대치하고도 단 한 차례
도 지지 않았던 명장. 만리장성을 증축하여 북방 민족의 공격을 막아
낸 인물. 조직 혁신과 군사 개혁으로 오합지졸의 병사들을 천하무적
정병으로 만든 인물. 수명을 다한 명나라의 멸망을 늦춘 인물.《기효
신서》라는 책을 남긴 인물. 바로 척계광 장군이다.

황서도 전투는 1553년 그 척계광 장군이 왜구의 근거지인 황서도
를 공격하여 전멸시킨 전투로 유명하다. 명나라와 일본의 중앙 정부
가 통제 능력을 상실하자 왜구의 약탈 행위는 날이 갈수록 심해졌다.

그들은 중국 연안을 약탈하는 것으로도 모자라 내륙에 있는 성까지 괴롭히기 시작했다. 1553년 8월 왜구들이 절강성에 들어와 벌인 참극은 처참했다. 그런데 보다 충격적인 사실은 그런 만행을 저지른 왜구의 병력이 겨우 100명도 안 된다는 사실이었다. 그것은 명나라가 부패하면서 국방 체제가 완전히 무너져 있다는 것을 의미했다. 결국 가정황제 후반에 이르러 부패한 관리들이 쫓겨나고 청렴한 대신들이 등용된 후에야 본격적인 왜구 토벌이 시작됐다.

이때 왜구 토벌에 가장 큰 공을 세운 사람이 바로 척계광이다. 척계광은 16세 때 이미 '나의 소원은 관직이 아니라 바다를 평정하는 것'이라는 시를 지을 정도로 왜구 소탕에 남다른 사명을 가진 사람이었다. 여러 차례 왜구를 소탕한 후 척계광은 마침내 황서도를 공격하기로 결심했다. 그곳은 가장 잔인하고 강력한 왜구의 본거지였는데, 이전까지 명나라는 수군이 약해 왜구의 작은 섬도 공격하지 못하고 있었던 것이다.

척계광은 그만의 방식으로 정예 부대를 꾸렸다. 우선 충성심 있고 완력이 강한 지원자 3,000명을 모집했다. 그런 다음 이렇게 선발된 병사들을 원앙진鴛鴦陣이라 불리는 독특한 진형으로 훈련시켰다. 원앙진은 분대장을 포함하여 12명으로 구성된 진형으로, 원앙진이라는 이름은 암수 한 쌍 중 한 마리가 죽으면 다른 한 마리도 따라 죽는다는 원앙에 대한 전설과 관련이 있다. 만약 전투 도중 대장이 전사하고 패배할 경우, 그 원앙진 분대의 나머지 생존자들도 모조리 처형하기로

했던 것이다. 그러므로 원앙진을 이루고 있는 병사들은 대장이 전사하는 것을 막기 위해 전투 내내 죽기 살기로 싸워야만 했다.

원앙진을 구성하는 12명은 철저하게 개인의 특성을 고려해서 편성했다. 우선 깃발을 든 분대장이 있다. 그리고 나이가 어리고 중간 정도의 몸집에 신체가 유연한 자 두 명은 등나무 방패를 든 등패수, 나이가 장성하고 신체가 커서 힘이 센 두 사람은 낭선을 든 낭선수, 정신력과 골력이 있는 네 명은 장창을 든 장창수, 살기와 담력이 있는 자 두 명은 당파창을 든 당파수를 맡게 했다. 그리고 용렬하고 녹록하여 남의 부하 되기를 좋아하는 자 한 명은 화병火兵(취사병)으로 충원했다. 그야말로 개개인의 신체 조건과 성격을 고려하여 가장 잘 맞는 직책을 부여한 것이다.

가장 잘할 수 있는 일을 맡게 된 병사들이 얼마나 신나게 싸우겠는가? 원앙진은 그동안 개인 무예 중심으로 이루어졌던 군사 체계를 집단 전술 체계로 바꾸어놓았다는 데 큰 의의가 있다. 개인의 능력과 시스템의 능력을 조화시켜 그 능력을 극대화한 것이었다. 또한 화기와 장창과 단검을 유기적으로 협력시켜 12명이 열 배, 백 배의 시너지 효과를 내도록 하였다.

군대를 준비한 척계광은 황서도를 공격하기 위해 이리 저리 관찰하던 중 한 가지 놀라운 사실을 발견했다. 썰물 때가 되어 물이 빠지면 화서도까지 이어지는 바다의 바닥이 드러나 배를 타지 않고도 들어갈 수 있다는 것이었다. 그러나 그 땅바닥은 진흙과 개흙이어서 걸기가 수월하지는 않았다. 그래서 각 병사에게 짊어질 수 있는 만큼의 마른 풀을 준비하여 그것을 깔아 밟으며 전진하도록 했다. 드디어 때가 되었다. 물이 빠지는 때를 맞추어 척계광은 총공격을 명령했다.

명나라 군사가 섬으로 올 것이라고는 꿈에도 생각지 못했던 왜구 2,600명은 아무런 대비도 못하고 있다가 전원 소탕되었다. 가장 잔인하고 강했던 황서도의 왜구들이 소탕되자 그 주변의 다른 왜구들은 쉽게 무너졌다. 1566년이 되자 마침내 척계광은 중국을 괴롭히던 왜구를 완전히 토벌하는 데 성공했다.

혁혁한 공을 세운 척계광의 신군新軍 3,000명은 척계광의 군대라고 해서 '척가군戚家軍'이라 불리며 칭송을 받았다. 이들은 후일 임진왜란에도 참전해서 평양성 탈환에 큰 활약을 했다.

求之於勢 不責於人 能擇人而任勢
구 지 어 세   불 책 어 인   능 택 인 이 임 세

부대 전체에서 나오는 세에서 구하지, 개인에게
책임을 묻지 않는다. 사람을 택하여 세를 발휘하게 한다.

— 병세(兵勢) 제5편

이 말의 뜻은 병사 개개인의 능력으로 승리할 것이 아니라, 부대 전체의 팀워크에서 나오는 힘을 통해 승리해야 한다는 말이다. 또한 사람을 뽑아 개인의 능력을 최대한 발휘하도록 한 후, 조직 시스템을

통해 조성되는 기세를 활용해 승리하라고 말하고 있다.

여기서 말하는 '세勢'란 앞서 밝힌 것처럼 중국 사람들이 매우 중요하게 다루는 화두이다. 세가 있어야 힘을 쓰고, 세가 있어야 위력을 발휘하며, 세가 있어야 신나게 일을 추진해나갈 수 있기 때문이다. 파죽지세破竹之勢라는 말은 대나무의 한끝을 갈라 내리 쪼갤 때처럼 거침없이 적을 물리치며 진군하는 기세를 이르는 말이다. 이런 것이 바로 '세勢'다.

조직이 이런 '세'를 발휘하려면 척계광이 원앙진의 12명에게 적절한 역할을 주었던 것처럼, 개개인의 체격이나 성격에 맞추어 잘할 수 있는 임무를 맡겨야 한다. 자신에게 딱 맞는 자리를 찾은 사람은 신명나게 일할 수 있다.

적재적소, 적소적재를 잘 활용하라

인사가 만사라는 말은 사람을 선발하는 경우에만 해당되는 것이 아니라, 뽑은 사람을 어디에 배치하느냐와도 관련되는 얘기다. 각자의 소질과 성격에 맞지 않는 곳에 발령이 난다면 그 자신에게도 회사에도 불행한 일이다.

적재적소適材適所란 '어떤 일을 맡기기에 알맞은 재능을 가진 사람을 알맞은 자리에 씀'이라는 뜻이다. 즉 먼저 '사람'을 선택하고 그리고 '자리'에 넣는다는 것이다. 그런데 현실에서는 적재적소보다 '적소적재適所適材'의 경우가 더 적합할지도 모르겠다. 적소적재는 먼저 '자리'를 정하고 그리고 그 자리에 걸맞는 '사람'을 선택하는 것이다.

예컨대 회사에 영업부장 자리가 비었다면, 그 자리에 걸맞는 사람을 뽑는 것처럼 말이다. 하지만 때로는 좋은 사람을 모시기 위해 적합한 자리를 만들어 일을 맡기는 적재적소도 반드시 필요하다. 적재적소이든, 적소적재이든 중요한 것은 그 일에 맞는 사람을 안배하는 것이다. 그렇지 못하면 조직이 성과를 내지 못하는 것은 물론이고, 일하는 사람은 기운을 얻기 힘들다.

이렇게 개개인이 힘이 빠진 조직은 분위기가 좋을 수 없다. 사실 성과보다 더 큰 문제는 이것이다. 성과야 모든 사람이 합심하여 열정을 다하면 언제든 좋아질 수 있다. 하지만 조직의 세가 꺾이면 이 땐 답이 없다. 만약 지금 회사에 왠지 모르게 어둡고 칙칙한 분위기가 흐르고 있다면, 혹은 직원들이 무기력하여 시간만 때우려는 분위기라면 적재적소, 적소적재 하였는지부터 살펴라. 좋은 리더는 이런 분위기를 제때 파악하여 빠른 시간 내에 조치해나가는 사람이다. 조직의 세를 잡느냐 못 잡느냐는 승패를 좌우하는 결정적인 요소가 된다.

적보다 나를 먼저
알아야 한다

"미국이 1964년에 승리한다."

컴퓨터가 이 답을 내놓은 것은 1969년의 일이었다. 미국은 아직도 북베트남과 전쟁중인데, 이미 5년 전에 이겼다니! 이 흥미로운 얘기는 베트남전쟁을 클라우제비츠의 《전쟁론》의 시각으로 예리하게 분석한 미국의 군사학자 해리 서머스 대령의 저서 《전략》에 나오는 것이다.

1969년 미국의 닉슨 행정부는 전쟁 수행과 관련된 미국과 북베트남의 모든 자료, 즉 인구와 국민총생산, 병력 규모, 함정과 전투기 수 등의 자료를 컴퓨터에 넣고 '언제쯤 미국이 승리할지' 시뮬레이션을 해보았다. 그랬더니 이미 5년 전에 미국이 이겼어야 한다는 결과가 나온 것이다.

하지만 실상은 달랐다. 1969년 이후로도 전쟁은 계속되었고, 1975년 4월 30일 사이공이 북베트남군에 의해 함락된 후에야 비로소 끝났다. 최첨단 무기로 무장한 세계 최강의 미국을 상대로, 물질적 역량으로는 비교도 안 되는 북베트남이 이긴 것이다.

이는 시뮬레이션을 할 때 미국이 간과한 게 있었기 때문이다. 그것은 컴퓨터가 계산할 수 없는 '국민의 전투 의지'라는 게 있다는 사실이었다. 게다가 당시 국방장관이었던 맥나마라가 컴퓨터에 어떤 데이터를 넣을지 선정했는데, 그는 케네디 대통령에게 발탁되기 전에 포드 자동차의 사장으로 있던 사람이었다. 그는 '인간 제록스'라고 불릴 정도로 비상한 기억력을 갖고 있기는 했지만, 늘 숫자를 지나치게 의식하는 '숫자맨'이었다. 그랬기에 전투력도 계량화해 숫자로 계산할 수 있다는 과오를 범했던 것이다.

1967년 11월, 이미 베트남에 파병된 미군의 수가 50만 명을 넘어섰다. 미국 내에서는 명분 없는 전쟁에 대한 반전 여론이 높아졌다. 하지만 미 정부는 전쟁에서 승리하고 있다는 헛된 믿음만 계속 홍보하고 있었다. 바로 이즈음, 20여 년 전 디엔비엔푸 전투에서 프랑스 군을 물리쳤던 보 구엔 지압武元甲 장군은 세계를 깜짝 놀라게 할 대담한 작전을 구상했다. 바로 뗏Tet 공세, 즉 설날의 공세였다.

보 구엔 지압은 1967년 9월, 비무장지대 근처인 콘 티엔에 주둔하는 미 해병 제3사단에 대해 공격을 시작했다. 그리고는 곧이어 캄보

디아 국경 지역과 케산 등 여러 지역에 대한 공격을 감행했다. 총공세 시점은 베트남의 음력 설인 1968년 1월 30일 전후의 연휴 기간으로 잡았다. 매해 그랬듯이 설 전날인 1월 29일에는 귀성 인파로 베트남 전역이 극도의 혼잡을 이뤘다.

이때 남베트남의 구엔 반 티우 대통령은 설을 맞아 1월 29일 오후 6시부터 1월 31일 오전 6시까지 36시간 동안 휴전할 것을 일방적으로 선포했다. 북베트남군은 이 절호의 기회를 놓치지 않았다. 북베트남 군인과 베트콩 7만여 명이 갖가지 방법을 동원해 사이공과 그 주변 지역으로 침투해 들어갔다. 그들 중에는 남베트남 군인으로 변장해 미군 트럭을 세워 타고가는 대범한 이들도 있었다. 무기와 탄약은 아이들이 끄는 채소 수레 속이나 장례식인 것처럼 꾸며 관 속에 넣어 운반하기도 했다.

1월 30일 새벽 1시 30분, 새해 맞이를 축하하는 폭죽 소리가 하늘을 찌르는 가운데 대통령궁이 습격당했고, 사이공에서는 치열한 시가전이 벌어졌다.

미국 대사관은 새벽 2시 47분에 피격을 당했다. 이때 미국 대사관을 둘러싸고 벌어진 6시간의 교전 상황은 여과 없이 방송으로 중계됐다. 이날 전투는 사이공뿐 아니라 36개의 주요 도시와 100여 곳의 마을, 25개소의 군사 시설에서 동시에 벌어졌다. 미군과 남베트남군은 이들을 맞아 2, 3일간 치열하게 싸웠고 완전히 소탕할 때까지는 한 달이나 걸렸다. 그러는 사이 미국 시민들은 그들의 정부가 지금까지 자신들을 속여왔다는 것을 알게 되었고, 반전 여론은 극에 달했다.

이처럼 북베트남은 뗏 공세에서 물리적으로는 패배했지만 정신적·심리적·정치적으로는 승리했다. 당시 미국은 적을 너무 몰랐다. 눈에 보이고 계량화할 수 있는 전력에만 집중해, 눈에 보이지 않고 계량화할 수 없는 부분에 대해서는 무지했다. 그리고 그들 자신의 능력이 어느 정도인지도 제대로 알지 못했다. 그들은 그저 압도적인 병력과 강력한 첨단 무기만 믿었을 뿐, 미군의 정신 무장이 얼마나 약화되어 있는지에 대해서는 간과하고 있었다.

나중에는 전과戰果 보고서도 허위로 작성되어, 상관이 듣기 좋아하는 보고 일색이 되었다. 하지만 실상은 미군의 약 25%가 마약 중독에 빠졌으며, 직무 이탈과 전투 거부 사고가 끊이지 않았다. 그보다 더 놀라운 사실은 1,016명의 장교와 부사관이 부하들에 의해 살해됐다는 것이다.

베트남전쟁을 통해 미국이 얻은 가장 큰 성과는, 전쟁에 임하는 군사들에게 가장 귀중한 덕목은 충성이나 복종보다 '도덕적 가치'라는 것을 인식하게 된 것이다. 결국 미국의 패인은 적에 대해서도, 아군에 대해서도 제대로 알지 못했던 데 있었다.

知彼知己 百戰不殆
지 피 지 기 백 전 불 태

적을 알고 나를 알면 백 번 싸워도 위태롭지 않다.

— 모공(謀攻) 제3편

《손자병법》을 생각하면 가장 먼저 떠오르는 어구가 바로 이 명구다. 여기서 한 가지 주목할 부분이 있다. 바로 '백전불태'라는 것이다. 흔히 이 어구를 '백 번 싸워 백 번 다 이긴다'는 '백전백승百戰百勝'이나 백 번 싸워도 지지 않는다고 하는 '백전불패百戰不敗'로 알고 있는 경우가 많다. 그런데《손자병법》그대로의 해석을 따르면, 적을 잘 알고 나 자신에 대해서도 잘 알면 백 번을 싸워도 그저 '위태롭지 않을 뿐'이란 것이다.

승리는 결코 만만한 것이 아니다. 적과 나에 대해 아는 지식 정도만 가지고는 장담할 수 있는 것이 아니다. 훨씬 더 많고 복잡한 것들이 작용하는 것이 승부의 세계다. 손자는 지피지기知彼知己, 즉 적과 나를 잘 아는 경우 외에 두 가지의 경우를 더 언급했다.

"적을 잘 모르고 나만 아는 경우 이길 확률은 반이다不知彼而知己 一勝一負. 적도 모르고 나도 모르면 싸울 때마다 반드시 위태롭다不知彼不知己 每戰必殆."

여기서 손자는 두 가지의 '무지'에 대해 이야기하고 있다. 상대방에 대한 무지와 자신에 대한 무지다. 그런데 여기서 손자가 다루지 못한 또 하나의 경우가 있다. 그것은 바로 '적은 알면서 나에 대해서는 잘 모를 때知彼而不知己'이다. 어쩌면 이 경우가 가장 위험할지도 모른다. 상대방에 대해 자세히 파악하고 있다 해도 정작 자신의 강점과 약점에 대해서 잘 모르면 상대방을 함부로 판단하거나, 미국처럼 자신들을 과신해서 자만하는 등의 실수를 저지를 수도 있기 때문이다.

나 자신에게 정직해지기

지기知己, 다시 말해 나를 안다는 것은 무엇을 의미하는가? 또한 어떻게 해야 나 자신을 제대로 알 수 있을까?

나는 자신을 알고자 한다면 스스로에게 몇 가지 질문을 던져볼 것을 권한다. 질문에는 다음과 같은 내용이 포함되어야 한다.

나는 무엇 때문에 살고 있는가, 인생을 살아가는 나의 기준은 무엇인가, 나에게는 세상을 향해 흔들 깃발이 있는가, 혼자 있을 때 나는 주로 무엇을 생각하고 있는가 등등.

사람이 가장 정직해질 때는 혼자 있을 때다. 인격과 도덕성도 혼자 있을 때 하는 말과 행동에서 드러난다. 심리학자들에 의하면 사람은 다른 사람과 대화할 때 분당 150~200개 정도의 단어를 사용하는데, 자기 자신과 대화를 할 때는 분당 1,300개 정도의 단어를 사용한다고 한다. 그래서 자기 자신과의 대화가 중요하고 의미가 있다. 혼자 있을 때 자기 자신과 대화하는 것은 자신을 아는 좋은 방법이 될 수 있다.

나 자신을 안다는 것은 결코 쉽지 않지만 그 무엇보다 중요한 일이다. 그렇게 해야 내가 더 잘하고 더 즐겁고 더 행복하게 해낼 수 있는 일도 찾을 수 있다.

더불어 나의 강점과 약점도 찾아낼 수 있다. 그런데 한 가지 더 기억할 것은 사람이 넘어질 때는 대체로 약점이 아니라 강점 때문에 넘어진다는 것이다. 약점에는 언제나 신경을 곤두세우고 조심하지만, 강점은 믿고 있다가 방심하게 되기 때문이다. 따라서 자칫 강점이 자만심으로 변색되지 않도록 경계를 늦추지 말아야 할 것이다.

화火를 다스려야
더 큰 화禍를 막는다

축구 때문에 국가 간 전쟁이 일어난다? 이런 말도 안 되는 일이 실제로 일어났다. 바로 1969년 엘살바도르와 온두라스 사이에 벌어진 5일간의 전쟁이 그것이다. 100시간 만에 끝났다고 해서 '100시간 전쟁'이라고도 부른다. 축구 전쟁은 1970년 월드컵을 위한 1969년의 예선전에서 붙은 시비가 단초가 되었다. 하지만 축구 시합은 원래 존재하던 폭탄의 뇌관을 건드린 기폭제일 뿐이었고, 진짜 이유는 두 나라 사이의 정치적 갈등이었다.

온두라스와 엘살바도르는 130여 년 전부터 국경 분쟁이 잦았다. 평균 수명이 27세에 불과한 엘살바도르와 문맹률이 60%가 넘는 온두라스는 태생적으로 서로 반목하고 있었다.

전쟁이 시작되기 약 60년 전부터 엘살바도르 사람들은 땅이 넓은 온두라스에 불법으로 입국해 살고 있었다. 당시 온두라스는 사회적으로 매우 불안한 상태였고, 국민들은 빈곤에 시달리고 있었다. 그러다 보니 엘살바도르 사람들은 자연스럽게 온두라스의 경제권을 장악하기 시작했다.

은근히 세력을 확장해가는 그들에게 위협을 느낀 온두라스 정부는 엘살바도르 정착민을 추방하기 위해 1969년에 시작한 농지 개혁에서 국경을 넘어온 사람들을 제외시켰다. 그러자 엘살바도르도 온두라스에 대한 감정이 악화되었다. 이렇게 두 나라 사이의 골은 점점 깊어갔다.

그러던 중 1968년 5월 월드컵을 위한 지역 예선전이 시작되었다. 북중미 예선 14조 A지역에 속해 있던 엘살바도르가 1969년 6월 7일 온두라스의 수도 테구시갈파에서 최종 예선 1차전을 갖게 되었다. 경기 전날 밤, 엘살바도르 선수단이 묵고 있는 호텔 밖은 밤새도록 시끄러웠다. 온두라스 응원단이 자동차 경적을 울려대고, 빈 깡통을 두드리며 고래고래 고함을 질러댔던 것이다. 밤새 잠을 이루지 못한 엘살바도르 선수들은 이튿날 열린 경기에서 1 대 0으로 지고 말았다.

그런데 엘살바도르에서 이 경기를 TV로 지켜보던 한 소녀가 그 사실을 비관해 권총으로 자살하는 어처구니없는 일이 발생했다. 소녀의 장례식에는 대통령을 비롯한 정부 각료와 대표선수단이 모두 참여해 조의를 표했다. 이 모습이 TV로 전국에 중계되자 온두라스에 대한 엘살바도르 사람들의 적개심은 더욱 고조되었다.

6월 14일, 이번에는 온두라스 팀이 2차전을 위해 엘살바도르의 수도 산살바도르에 왔다. 경기 전날 밤 온두라스 팀이 묵고 있는 호텔에는 엘살바도르 응원단이 몰려와 호텔 창문을 깨고 죽은 쥐를 던지며 밤새 난동을 피웠다.

한숨도 자지 못한 온두라스 선수들은 경기 전반전부터 무려 3골이나 허용하더니 결국 3 대 0으로 지고 말았다. 선수들이 경기장에서 전쟁 같은 경기를 하는 동안 관중석에서는 격렬한 패싸움이 벌어졌다. 이날 온두라스에서 온 응원단의 차 150여 대가 불타고 응원단 2명이 목숨을 잃었으며 많은 사람이 다쳤다.

한편 그 시각 온두라스 전역에서는 엘살바도르 사람들에 대한 인간 사냥이 벌어졌다. 수십 명의 엘살바도르 사람들이 살해되었고, 약탈과 방화로 인한 재산 피해만 해도 2,000만 달러에 이르렀다. 게다가 온두라스 정부는 엘살바도르에서의 모든 수입을 금지시키는 조치까지 취했다. 뿔이 난 엘살바도르는 세계인권위원회에 온두라스의 만행을 제소했다. 사태가 이 지경이 되자 결국 6월 23일 두 나라는 국교를 끊었다.

국교를 끊은 지 4일이 지난 6월 27일, 중립 지역인 멕시코시티에서 두 나라의 최종 경기가 열렸다. 예상대로 경기는 난폭했다. 이날 경기장에는 관중보다 경찰이 더 많았다. 경기는 2 대 2 무승부로 끝나 연장전이 이어졌고, 결승골은 연장 전반 12분에 엘살바도르 선수 로드 리게스의 발에서 터져 나왔다. 그런데 이 골은 곧바로 전쟁의 기폭제가 되고 말았다. 격분한 온두라스 응원단이 엘살바도르 응원단에 돌을 던지면서 축구장 안에서 난투극이 벌어졌던 것이다.

이에 전쟁을 결심한 엘살바도르는 7월 14일 선전 포고와 동시에 온두라스의 네 개 도시를 폭격했다. 탱크를 앞세운 보병 부대가 온두라스 국경을 넘어 25마일이나 진격했다. 이때 규모는 1개 연대 약 3,000명이었다. 이에 온두라스는 2개 여단 약 4,000명으로 맞서면서, 낙하산 부대를 엘살바도르 후방에 투입해 교란 작전을 펼쳤다. 두 나라는 각각 자국이 승리했다는 보도를 하기 시작했다. 그러나 실제 전쟁의 분위기는 사실 미온적이었다.

이 전쟁은 5일간 계속되다가 미주 기구의 중재로 7월 18일 정전에 들어갔다. 그 사이 양국에서는 약 3,000명이 죽었다. 이후 두 나라는 앙숙으로 지내다가 11년이 지난 1980년 페루의 리마에서 평화 조약을 체결했다.

전쟁까지 일으키며 월드컵에 나간 엘살바도르 선수단은 결국 3전 전패를 당하면서 최하위로 탈락했다. 온두라스와의 무역길이 막히면서 극심한 경제난에 시달리던 엘살바도르는 이후 군부의 쿠데타까지 일어나 풍비박산 지경에 이르렀다. 온두라스의 경제도 악화되었다. 패전은 나라 전체에 패배 의식을 불러왔다. 욱하는 분노를 참지 못해 두 나라 모두에게 명분도, 실리도, 승자도 없는 전쟁을 벌인 셈이다.

실패에서 다시 배우는 인생

主不可以怒興師 將不可以慍戰
주 불 가 이 노 흥 사　장 불 가 이 온 전

合於利而動 不合於利而止
합 어 리 이 동　불 합 어 리 이 지

군주는 분노로 군사를 일으켜서는 안 되며,
장수는 성냄으로 싸움을 해서는 안 된다.
이익에 합치되면 움직이고, 이익에 합치되지 않으면 그쳐야 한다.

— 화공(火攻) 제12편

전쟁은 큰일이다. 경우에 따라서는 나라의 존망을 뒤흔들 수도 있다. 혹 승리를 해도 전쟁은 그 어떤 것으로도 복구하기 어려운 피해를 남긴다. 그러므로 전쟁은 가벼이 결정할 수 있는 일이 결코 아니다. 그런데 군주가 화난다고 해서, 또는 장수가 분이 난다 해서 전쟁을 일으켜서야 되겠는가? 순간적으로 욱하는 감정 때문에 돌이킬 수 없는 일을 저지르고 나면 반드시 후회가 따른다. 그렇기 때문에 손자는 반드시 이익이 될지 안 될지 이성적으로 따져보고 움직이라고 한 것이다. 이어지는 어귀는 이렇다.

"분노는 다시 즐거움이 될 수 있고 성냄은 다시 기쁨이 될 수 있지만, 망한 나라는 다시 보존할 수 없고 죽은 사람은 다시 살아날 수 없다怒可復喜 可復悅 亡國不可以復存 死者不可以復生."

섬뜩한 말이다. 감정은 곧 가라앉을 수 있다. 순간적으로 보이는 게 없을 정도로 화가 치밀어올랐는데, 시간이 지나니 별 문제 아닌 것처럼 느껴지는 경우도 많다. 그런데 정신을 차리고 보니 이미 나라가 망해 있다거나, 중요한 사람이 죽어버렸다면 어떻게 돌이킬 것인가? 그러니 화가 나더라도 꾹 참고, 일을 벌였을 때의 실리를 계산해봐야 한다. 화가 날수록 이성적인 판단이 필요한 것이다. 이는 국가의 일이건 개인의 일이건 마찬가지다.

분노를 다스리는 사람이 이긴다

복잡한 길을 가다가 지나가는 사람과 어깨를 탁 부딪쳤다. 그런데 미안하단 말 한마디 없이 그냥 지나간다. "욱!"

운전하는데 바로 앞에 가는 차의 운전석에서 손이 쑥 나오더니 담뱃재를 툭툭 턴다. "욱!"

식당에서 밥을 먹고 있는데 옆 식탁에서 웬 아저씨가 시끄럽게 떠들어댄다. "욱!"

전철 안에서 고래고래 고함치며 전화를 하는 사람을 만났다. "욱!"

나이 어린 녀석이 껌을 짝짝 씹으며 땅에 침을 탁 뱉고 있다. "욱!"

세상을 살다보면 이렇게 '욱!' 하고 성질이 올라오는 경우가 많다. 하지만 그렇다고 모든 사람들이 기분 내키는 대로 행동하지는 않는다. 대개의 경우, 순간의 격정을 따르기보다는 결과를 책임질 수 있는가 따져본다.

성공적인 삶을 살아가려면 순간적으로 뜨거워지는 감정을 다스려야 한다. 물론 그게 쉬운 일은 아니다. 어떤 사람은 '3초 법칙'을 제시한다. 욱하고 치밀어 오르는 게 있을 땐 속으로 '1초, 2초, 3초'를 헤아린 다음 다시 생각해보면 대부분 가라앉는다는 것이다. 또 어떤 연구는 물을 많이 마시면 예민한 감정이 누그러진다는 결과를 내놓기도 한다. 물을 마시면서 한 번만 참아보라는 것이다.

일단 한 번 해보면 생각보다 어렵지 않게 화를 누그러뜨릴 수 있을 것이다. 앞서 소개한 것처럼 여기에는 절대적인 공식은 없다. 한두 가지 해보면서 각자 자기만의 방법을 찾는 것이 중요하다.

그리고 한 가지 더 있다. '내가 지금 여기서 화를 내는 것이 나에게 더 도움이 될까?'를 생각해보는 것이다. 그렇게 해보면 의외로 화내서 좋을 일이 별로 없다는 것을 알 수 있고, 화를 내면 오히려 내가 더 피곤한 일에 휘말릴 수 있다는 것도 알게 될 것이다.

욱하는 성질만 이길 수 있어도 당신은 세상의 많은 부분을 이미 얻은 것이나 마찬가지다.

질주를 멈추어야
할 때를 기억하라

전쟁을 벌여 몇 차례 이기다 보면 승리에 도취되기 쉽다. 조금이라도 더 큰 성과를 얻겠다는 성취욕에, 브레이크 고장 난 자동차처럼 멈출 줄 모르고 질주하는 경우가 있다. 이것이 '승자 효과Winner's Effect'라는 것이다. 남성들은 혈액 1L당 0.1g의 남성호르몬 테스토스테론을 가지고 있는데, 승리를 거두면 그 분비가 더 왕성해진다. 공격적 행동을 유발하는 테스토스테론 수치가 높아질수록 전투력도 향상되기 때문에, 한 번 이기고 나면 승승장구할 확률이 높아진다고 한다.

하지만 그것에 도취되어 한없이 속도를 올리다 보면 대형 사고로 이어질 확률이 높아진다. 현명한 리더는 그 사실을 알고 있기 때문에,

승자 효과를 잘 이용하되 멈춰야 할 때 멈출 줄도 안다. 하지만 그러지 못해 돌아오지 못할 강을 건너버린 나폴레옹 같은 이들도 많다.

1805년 12월 2일 프랑스 황제 나폴레옹이 지휘하는 프랑스 군은 9시간에 걸친 힘든 싸움 끝에 차르 알렉산드르 1세가 지휘하는 러시아·오스트리아 연합군을 격퇴했다. 이것이 유명한 아우스터리츠Austerlitz 전투다. 러시아의 대문호인 톨스토이의 소설 《전쟁과 평화》의 배경이 되기도 한 이 전투는 블렌하임 전투, 칸나에 전투와 함께 전술상의 걸작으로 꼽힌다.

아우스터리츠(현 지명은 체코의 슬라프코프) 전투에서 대승을 거둔 나폴레옹은 오스트리아에 4만 프랑의 배상금을 물도록 했다. 또 나폴레옹은 독일 서남부 영토를 보호국으로 삼아 라인 동맹을 만들고 20만 명의 군대를 주둔시켰다. 이에 위협을 느낀 프로이센의 빌헬름 3세는 1806년 15만 명의 병력을 동원해 나폴레옹에게 선전 포고를 했다. 그러나 10월 14일 벌어진 예나 전투에서 나폴레옹에게 패하고 말았다. 프로이센군을 격파한 나폴레옹은 프로이센 본토까지 일거에 달렸고, 10월 25일에는 수도 베를린에 입성했다. 빌헬름 3세는 쾨니히스베르크로 달아나 러시아에 구원을 요청했다. 러시아는 10만 명의 병력을 지원해 나폴레옹에게 대항했지만 역시 패하고 말았다. 그야말로 나폴레옹의 거침없는 승리였다.

1807년 2월 러시아 국경의 칼리닌그라드 주에 있는 네만 강 위의 뗏목에서 나폴레옹은 러시아 황제 알렉산드르 1세와 회동했고, 6월에는 네만 강 왼편의 도시 틸지트에서 프로이센의 빌헬름 3세와 회동을 했다. 이렇게 해서 6월 25일에 체결된 틸지트Tilsit 조약은 프랑스와 프로이센과 러시아 간의 강화 조약이다. 이 조약으로 나폴레옹은 프로이센으로부터 1억 2,000만 프랑의 배상금과 함께 엘베 강 서부 영토의 할양, 군대 규모 축소(4만 명 이하) 등을 얻어냈다. 그 외에도 당시 프로이센의 영토였던 서폴란드를 분할받아 프랑스의 꼭두각시 나라인 바르샤바 대공국을 세웠다. 프로이센 편에 서서 프랑스를 공격했던 러시아에게는 대륙 봉쇄를 강요했다. 영국의 목을 죄기 위한 조치였다. 프로이센이나 러시아 입장에선 매우 굴욕적이고 가혹한 것이었다.

한편 나폴레옹에게는 지혜로운 외무장관 탈레랑이 있었다. 그는 나폴레옹을 정계에 데뷔시킨 인물이기도 하다. 탈레랑은 나폴레옹에게 오스트리아와 프로이센, 러시아에게 가한 무리한 요구들을 철회하라고 간언했다. 하지만 연이은 승리에 도취된 나폴레옹은 탈레랑의 건의를 묵살해버렸다.

아니나 다를까, 탈레랑의 우려는 현실로 드러났다. 오스트리아는 그날 이후 끊임없이 프랑스를 괴롭혔고, 러시아는 대륙봉쇄령을 무시했다. 이로 인해 나폴레옹은 러시아 진격이라는 최악의 카드를 사용하게 되었다. 만약 나폴레옹이 네만 강에서 지배의 질주를 멈추었더라면 워털루 전투에서 비참한 최후를 맞는 일은 없었을지도 모른다. 멈출 수 없는 자의 비극이다. 워털루 전투에서 나폴레옹에게 패배의 잔을 안겨준 웰링턴은 '정복자는 포탄과 같다'는 말을 했다. 잘 날아가다가 결국에는 폭발해서 흔적 없이 사라지고 만다는 뜻이다. '시작하기에 늦었다고 생각될 때가 빠르다'는 말처럼, '그만두기에 이르다고 생각될 때가 적당한 때'라는 말도 명심해야 한다.

兵聞拙速 未睹巧之久也
병 문 졸 속 미 도 교 지 구 야

전쟁에 있어 그 솜씨가 매끄럽지 못하더라도
빨리 끝내야 한다는 건 들었지만, 솜씨 있게 하면서
오래 끌어야 한다는 경우는 보지 못했다.

— 작전(作戰) 제2편

오늘날 우리가 흔히 접하는 '졸속拙速'이라는 용어는 '졸속 처리', '졸속 행정'에서 보듯이 대체로 부정적 의미를 담고 있다. 사전에는 '서투르지만 빠르다'란 뜻으로, '어떤 일을 지나치게 서둘러 함으로써 그 결과나 성과가 바람직하지 못함을 이르는 말'이라 되어 있다. 역시 부정적 의미다.

이 '졸속'이란 말의 원래 출처는 《손자병법》인데, 손자는 이 말을 그렇게 나쁜 의미로 사용하지 않았다. 손자가 말하고 있는 '졸속'이란 '빨리 끝내라'는 것이다. 조금 더 잘해보겠다고 끝맺음을 못하고 질질 끄는 것보다는 적당한 선에서 빨리 끝내는 것이 훨씬 낫다는 얘기다.

빨리 끝내지 못하고 질질 끌게 되는 것은 인간의 채울 수 없는 욕심 때문이다. 일이 잘되면 어느 정도 적당한 선에서 끝맺음을 해야 하는데, 사람의 욕심이라는 게 한이 없다 보니 멈추지를 못하는 것이다. 그래서 결국 장기전으로 치닫게 되고, 그렇게 되면 승자가 되든 패자가 되든 큰 피해를 면할 수 없는 것이다. 일본 군부가 태평양전쟁에서 패한 뒤에 자체적으로 패인을 분석하면서 이런 말을 했다.

"우리가 《손자병법》이 말하고 있는 졸속의 정신을 알았더라면, 이렇게 패하지는 않았을 것이다."

뒤늦게 후회해봤자 소용이 없다. 욕심을 버리고 빨리 끝내라. 이것이 역사의 진리다.

'조금 더'가 아니라 '여기까지'의 자세

일이 이루어질 때는 무언가 계속 해도 잘될 것만 같다. 그래서 처음 이루려던 목표를 이루고도 더 욕심이 생긴다. 그것이 돈과 관련된 일일 때는 더욱 그런 경향이 강하다. 그런데 주변에 주식으로 돈을 잃은 사람들을 한 번 보면 '조금만 더 있으면 오를 거야'를 외치다가 망한 경우가 많다.

물론 자리를 보존하고 오래 묵혀야 하는 일도 있다. 하지만 전쟁과도 같은 경쟁 상황에서는 그런 자세가 별 도움이 되지 않는다. 신제품 개발에 지나치게 공을 들이다가 경쟁 업체보다 늦게 시장에 내놓게 되면, 지금까지의 고생이 다 허사가 될 수도 있다. 그것보다는 베타테스트 버전이라도 먼저 시장에 내놓아 자사의 신제품을 알리는 게 더 나을 수도 있다. 물론 거의 진전이 없는 경우라면 무리가 되겠지만, 어느 정도 갖춰진 상태라면 시장을 선점하는 게 더 중요한 의미가 될 수 있다. 그러니 비록 조금 부족하더라도 적당한 선에서 끝내는 지혜도 필요하다.

그러기 위해서는 가능한 모든 일에 스스로 '시간 제한'을 두는 게 필요하다. 회의를 할 때 30분짜리 모래시계를 올려놓고 회의를 한다거나, 제안서를 내야 할 때 마감일보다 하루 앞선 마감일을 자신의 마감일로 정해두거나 하는 방식으로 말이다. 처음에는 좀 아쉬울 수도 있고, 부족할 수도 있지만, 그 시간 안에 최선의 효율을 추구할 수 있을 것이다.

한 가지 더 팁을 주자면, 졸속을 잘하기 위해서는 영어 단어 'STOP'을 떠올리면 도움이 된다. 이 단어의 철자 S를 Stop(멈추고), T를 Think(생각하고), O를 Observe(주변을 둘러본 다음), P를 Plan(계획한다)으로 되새겨보길 권한다. 현명한 사람은 어디서 멈추고 언제 떠나야 할 것인가를 잘 아는 법이다.

끝내야 할 때 끝내라. 그것이 지혜로운 삶의 방식이다.

지은이 노병천

미국 지휘참모대학 교환교수로 《손자병법》을 강의했으며, 육군대학 전략학처장을 거쳐 나사렛대학교 부총장을 역임했다. 현재 다양한 기업체 및 관공서 등을 대상으로 '손자병법에서 배우는 인생 병법'을 강의하고 있다. KBS 아침마당 목요특강 '손자병법에서 배우는 인생 처세술'을 통해 많은 이들에게 지혜를 전한 바 있으며, 〈중앙일보〉 중앙SUNDAY에 '손자병법으로 푸는 세상만사'를 인기리에 연재하는 등 다양한 기고활동을 하고 있다. 제22회 세종문화상을 수상했으며, 지은 책으로 《도해 손자병법》 외에 다수가 있다.

서른과 마흔 사이 인생병법

1판 1쇄 발행 2012년 7월 30일
1판 4쇄 발행 2013년 1월 5일

지은이 노병천
발행인 고영수
발행처 청림출판
등록 제406-2006-00060호
주소 135-816 서울시 강남구 도산대로 남38길 11번지(논현동 63)
      413-756 경기도 파주시 교하읍 문발리 파주출판도시 518-6 청림아트스페이스
전화 02)546-4341 **팩스** 02)546-8053